Lektürehilfen

Friedrich Schiller

Don Karlos

von Hansjürgen Popp

Klett Lernen und Wissen

Dr. Hansjürgen Popp, langjähriger Lehrer für Deutsch und Latein an Gymnasien in Stuttgart.

In der Reihe „Editionen für den Literaturunterricht“ ist erschienen: Friedrich Schiller, *Don Karlos – Infant von Spanien*, mit Materialien, Stuttgart/Leipzig: Ernst Klett Verlag, 2007. Auf diese Ausgabe beziehen sich die Textzitate in der vorliegenden Lektürehilfe.
Die Verszählung folgt der Ausgabe: Friedrich Schiller, *Sämtliche Werke in fünf Bänden*, aufgrund der Originaldrucke herausgegeben von G. Fricke und H. G. Göpfert in Verb. mit H. Stubenrauch, Bd. 2, München: Hanser, 1962. Diese weicht ab V. 706 um einen Vers, ab V. 857 f. um zwei Verse von anderen Ausgaben ab.

Bibliographische Information Der Deutschen Bibliothek
Die Deutsche Bibliothek verzeichnet diese Publikation in der Deutschen Nationalbibliographie; detaillierte bibliographische Daten sind im Internet über http://dnb.ddb.de abrufbar

Auflage 4. 3. | 2010 2009 2008
Die letzten Zahlen bezeichnen jeweils die Auflage und das Jahr des Druckes.

Dieses Werk folgt der reformierten Rechtschreibung und Zeichensetzung. Ausnahmen bilden Texte, bei denen künstlerische, philologische oder lizenzrechtliche Gründe einer Änderung entgegenstehen.

Internetadresse: http://www.klett.de
Umschlagfoto: AKG, Berlin
Satz: DTP Andrea Eckhardt, Göppingen
Druck: CPI books, 25917 Leck
Printed in Germany
ISBN 978-3-12-923044-2

Inhalt

Zur Einführung 5

Inhaltsübersicht 7

Der inhaltliche Aufbau des Stücks 12

Thematische Aspekte

Familientragödie und politisches Drama 45
Liebe und deren Sublimierung 46
Freundschaft 48
Freiheit und Brüderlichkeit 51
Die Isolation des absoluten Herrschers 55
Der Vater-Sohn-Konflikt 57

Die Hauptpersonen und ihre Konstellation

Personenkonstellation 60
Karlos 61
Posa 67
König Philipp 73
Elisabeth 78
Die wichtigeren Nebenpersonen 82

Sprache und Vers 86

Die dramatische Bauform 91

Zur Entstehungs- und Textgeschichte 96

Don Karlos zwischen Sturm und Drang und Klassik

Karlos als Jüngling des Sturm und Drang 98
Posa als Gestalt des Übergangs 100
Elisabeth: Ankündigung klassischer Harmonie 102
Schillers weitere Entwicklung 104

Historische Grundlagen und Quellen

Die historischen Personen und ihre Zeit 106
Schillers Quellen / Schillers Darstellung der historischen Fakten ... 108

Zur gattungstheoretischen Einordnung von *Don Karlos*

Dramatisches Gedicht oder Tragödie? 110
Geschichtsdrama oder historisches Ideendrama? 112

Interpretationsansätze 114

Literaturhinweise 124

Prüfungsaufgaben und Lösungen 127

Zur Einführung

Im Jahre 1905 formulierte der marxistische Literaturkritiker Franz Mehring seinen Unmut über das Schiller-Bild seiner Zeit und die Entwicklung, die dazu geführt hatte, folgendermaßen:

> „So wurde Schiller der liberale, der nationale, der ideale Dichter von Gnaden der bürgerlichen Klasse und im Sinne ihrer Tendenzen. Ihrem engbrüstigen Liberalismus kam es schmeichelnd entgegen, dass Schiller die bürgerliche Revolution bekämpft und selbst geschmäht hatte [...] Für das mächtige Freiheitspathos aber, das gleichwohl durch Schillers Dramen glühte, von den Räubern bis zum Wilhelm Tell, suchte man sich den ästhetisch und historisch mißlungensten Vertreter aus, jenen flachen Phrasenhelden Posa [...]". (Zit. nach: Becker, 1972, S. 98)

Tatsächlich hat die Einschätzung Schillers im Laufe der Zeiten vielfach gewechselt. Immer aber war es weniger das konkrete Werk des Dichters, das man meinte, sondern vielmehr irgendein Schiller-Bild, das von dem jeweiligen Zeitgeist geformt war und das sich vor die Dichtung geschoben hatte. Das betraf auch *Don Karlos* und Posas Forderung nach „Gedankenfreiheit".
Wenn man jedoch Schillers Stück selbst zu Worte kommen lässt und hinhört, wie Posa mit seinem Freund Karlos spricht oder wie er von Elisabeth Abschied nimmt, oder wenn man den Gesprächen zwischen Posa und Philipp wirklich unbefangen zuhört, so wird man einen Posa wahrnehmen, der mehr ist als ein Phrasenheld und mehr zu sagen hat als die eine Phrase von der „Gedankenfreiheit". Und wenn man auch die anderen Personen – Karlos, die Königin, König Philipp – in ihrem Streben teilnehmend verfolgt, so wird man viele Szenen entdecken, „die über die Begriffe gehen".
In diesem Sinne möchte der vorliegende Band bei der Lektüre des in seinen Voraussetzungen und in seiner Handlungsführung nicht ganz einfachen Stücks helfen. Natürlich werden auch die Ideen und Probleme herausgearbeitet, die in dem Text gestaltet sind. Das Ziel aber

wäre es, Leser zu gewinnen, die sich dem jungen Tonio Kröger anschließen, der in Thomas Manns gleichnamiger Novelle (1903) einen Schulkameraden zu begeistern versucht:

> „Ich habe jetzt etwas Wundervolles gelesen, etwas Prachtvolles [...] Du mußt es lesen, Hans, es ist nämlich ‚Don Carlos' von Schiller ... Ich leihe es dir, wenn du willst [...]. Was aber ‚Don Carlos' betrifft, so geht das über alle Begriffe. Es sind Stellen darin, du sollst sehen, die so schön sind, daß es einem einen Ruck gibt, daß es gleichsam knallt ...."

Inhaltsübersicht

I. Akt: Exposition		
1	Karlos, Domingo	Exposition: Karlos' Lage an Philipps Hof (Bespitzelung, Intrigen).
2	Karlos, Posa	Wiedersehen der Freunde: Freundschafts- und Freiheitsideal. – Konfrontation von Karlos' Glücksverlangen und Posas Menschheitsidealen (Freiheits- und Flandern-Motiv). – Vorbereitung der Begegnung Karlos – Elisabeth (→ I,5).
3–4	Königin, Hofdamen; Posa	Einführung Elisabeths (Freiheits-Sehnsucht; Leiden unter der Etikette). – Vorbereitung der Begegnung Karlos – Elisabeth durch Posa.
5	Elisabeth, Karlos	Erste Begegnung Karlos-Elisabeth: Gegen Karlos' Glücksverlangen stellt Elisabeth die Forderungen von Sittlichkeit und Humanität; Karlos soll seine Liebe statt der „Mutter" der ganzen Menschheit zuwenden, und speziell Flandern.
6	König, Königin, Hof	Einführung König Philipps. Seine Untersuchung des Etikette-Bruchs.
7–9	Karlos, Posa	Karlos' Entschluss, gemäß Elisabeths Wunsch für Flandern einzutreten. Ankündigung seiner Bitte um Audienz beim König (→ II,2). Karlos' Bitte um Posas Freundschaft und um das brüderliche Du: Sieg des Freundschaftsideals.
II. Akt: Zuspitzung		
1	König, Karlos, Alba	Karlos' Ringen um eine Audienz; Beleidigung Albas.
2	König, Karlos	Karlos' Bitte um Versöhnung mit dem Vater und um Entsendung nach Flandern. Die Ablehnung beider Bitten vernichtet ihn; er merkt nicht, dass er Philipp stark beeindruckt und dass er die Stellung Albas erschüttert (→ II,3).
3	König, Alba	Alba erfährt, dass Karlos dem König nähergekommen ist.
4	Karlos, Page	Karlos erhält die Einladung der Prinzessin Eboli zu einem Rendezvous, die er für eine Einladung Elisabeths hält.

5-6	Karlos, Alba; Königin	Streit zwischen Karlos und Alba; ein Duell wird nur durch die Königin verhindert.
7-8	Eboli, Karlos	Die Missverständnis-Szene: Karlos bemerkt zu spät, dass er es ist, den die Eboli liebt. Tiefe Verletzung der Eboli, die sich durch ihr Liebesgeständnis bloßgestellt sieht. Karlos nimmt der Eboli ein den König kompromittierendes Billett weg.
9	Monolog der Eboli	Die Eboli erkennt, dass Karlos die Königin liebt, und entschließt sich, aus Rache den (vermeintlichen) Betrug dem König zu verraten.
10-13	Alba, Domingo; teilweise Eboli	Alba berichtet über das seltsame Verhalten von Karlos (II,6) und Philipp (II,3). Domingos grundsätzliche Gegnerschaft gegen Karlos' liberale Ideen. Die Eboli wird für die Intrige gewonnen: Sie wird Elisabeths Schatulle aufbrechen, wird Philipp ein Rendezvous geben und dabei belastendes Material ausliefern.
14-15	Karlos, Posa	Posa erfährt von dem Misserfolg der Audienz und der bedenklichen Eboli-Begegnung. Er verhindert, dass Karlos den der Eboli fortgenommenen Philipp-Brief missbraucht; er bringt Karlos vom Egoismus zurück zum Idealismus. - Posa befürwortet eine neue Begegnung Karlos' mit Elisabeth, die ihm den Flandern-Plan nahebringen soll (→ IV,3 → IV,21 → V,11).
III. Akt: Höhepunkt		
1-2	König, Lerma	Die Eifersuchtsszene des übernächtigten Philipp. Trotz der Karlos-Briefe aus der Schatulle Elisabeths (→ II,12) fehlt ihm Gewissheit.
3-4	König, Alba; dann Domingo	Alba, zu den Briefen befragt, berichtet von der Begegnung Karlos/Elisabeth (I,5). Gewissheit können seine Verdächtigungen Philipp aber nicht geben, genauso wenig wie die Domingos; der König bezichtigt beide des Komplotts.
5	Monolog Philipps	Bei der Suche nach einem vertrauenswürdigen Mann stößt der König auf Posa.
6-7	König; die Granden	Feierliche Audienz. Philipps Milde gegen den Admiral. Erkundigungen nach Posa.

8–9	Monolog Posas	Posas Überlegungen vor der Audienz beim König.
10	König, Posa	Posa vor Philipp: Posa „kann nicht Fürstendiener sein" wegen seiner Gleichheits- und Freiheits-Ideale. Er analysiert die Isolation des allmächtigen Herrschers; Philipp ist von dieser Einfühlung in seine Lage tief berührt. – Posas konkretes politisches Ziel, u.a. für Flandern: „Geben Sie Gedankenfreiheit." Philipp ist für Posa gewonnen und macht ihn zum engen Vertrauten; er soll die Wahrheit über Karlos und Elisabeth ermitteln.
IV. Akt: Umschwung		
1	Königin; ihre Damen	Die Entdeckung des Einbruchs in die Schatulle der Königin steht bevor (→ IV,9).
2–3	Königin, Posa	Posa als Abgesandter des Königs. Seine eigentliche Absicht ist, Elisabeth dafür zu gewinnen, Karlos den Plan einer Rebellion in Flandern nahezubringen.
4	Karlos, Lerma	Lerma warnt Karlos vor Posa, der in großer Gunst beim König stehe.
5	Posa, Karlos	Posas rätselhaftes Verhalten stürzt Karlos in Zweifel; dennoch händigt er Posa seine Brieftasche (mit einem Brief Elisabeths) aus (→ IV,12 → IV,13).
6	Monolog Posas	Angesichts von Karlos' Misstrauen rechtfertigt Posa vor sich selbst seine Verschwiegenheit und seine selbstherrliche Eigenmächtigkeit.
7	König (und Infantin)	Der König mustert eifersüchtig und argwöhnisch die Züge der Infantin.
8–9	König, Königin	Zusammenstoß Philipp/Elisabeth: Die Königin fordert Bestrafung für das Aufbrechen ihrer Schatulle; der König bekennt sich als Auftraggeber; er fordert seinerseits Rechenschaft wegen der Begegnung Elisabeth/Karlos (I,5). Über die Maßlosigkeit von Philipps Eifersucht entsetzt, bricht Elisabeth zusammen.
10–11	König, Alba, Domingo; dann Posa	Bestürzt über den Eklat, schickt Philipp seine alten Getreuen ungnädig fort und wendet sich vertrauensvoll Posa zu.

12	König, Posa	Posa kann dem König aufgrund ausgewählter Dokumente aus Karlos' Brieftasche einreden, dass die Eboli das Haupt einer Intrige ist und dass zwischen Elisabeth und Karlos keine Liebesbeziehung besteht, sondern eine (für den König irrelevante) politische Konspiration. – Posa soll Karlos weiter überwachen; er erwirkt einen vorsorglichen Haftbefehl.
13	Karlos, Lerma	Lerma warnt erneut vor Posa, nachdem er Karlos' Brieftasche beim König gesehen hat (IV,12). Karlos glaubt, dass Posa ihn aufgegeben habe, weil der König größere Möglichkeiten zur Verwirklichung des Ideals biete.
14	Königin, Alba, Domingo	Alba und Domingo versuchen, bei der Königin gegen Posa zu intrigieren.
15	Eboli, Karlos	Karlos fleht die Eboli an, ihn zu Elisabeth zu lassen, damit er diese warnen kann.
16	Eboli, Karlos, Posa mit Offizieren	Posa unterbricht Karlos und lässt ihn verhaften (damit er der Eboli nichts weiter verraten kann).
17	Eboli, Posa	Posa erwägt, die Eboli zu ermorden, damit verborgen bleibt, was Karlos ihr verraten haben könnte; er besinnt sich dann aber auf ein anderes Mittel.
18 – 20	Königin, Eboli, Herzogin Olivarez	Die Eboli gesteht der Königin ihre Schuld (Diebstahl der Briefe und Ehebruch); sie wird ins Marienkloster verbannt.
21	Königin, Posa	Posa, der sein Spiel verloren hat, legt sein Vermächtnis an Karlos in die Hände der Königin. Es zeigt sich, dass er die Verwirklichung eines neuen, freien Staates lange geplant und dazu auch die Liebe von Karlos zu Elisabeth genährt hat.
22 – 24	Alba, Domingo; Lerma; Oberpostmeister; Granden, zuletzt Eboli	Der Hof wegen der Verhaftung des Infanten in Ungewissheit. Der Oberpostmeister bringt den Brief Posas an Oranien, durch den Posa sich absichtlich des Verrats bezichtigt und zum Tode verurteilt, um Karlos Zeit zur Flucht zu geben. Lermas Meldung, dass der König geweint hat, als er von Posas Verrat erfahren hat. Ein Aufklärungsversuch der Eboli kommt zu spät; Alba kehrt triumphierend an die Macht zurück.

V. Kapitel: Katastrophe		
1–3	Karlos, Posa; dazwischen Alba	Karlos glaubt, dass Posa ihn zugunsten der Freiheitsidee aufgegeben habe, und findet das bitter, aber korrekt. – Alba überbringt Karlos die Begnadigung; dieser verlangt das Erscheinen des Königs selbst. – Posa erklärt dem Freund den Ablauf der Ereignisse und trägt ihm auf, sich für Flandern und die Freiheit zu retten. Während Karlos noch hofft, den König rühren zu können, wird Posa auf dessen Befehl hinterrücks erschossen.
4–5	Karlos; der König mit seinen Granden, darunter Alba	Der König kommt mit seinen Granden, um Karlos die Freiheit wiederzugeben. Karlos stößt den König zurück und beschuldigt ihn des Mordes. Er erklärt, dass der Ermordete als Freund und als Freiheitskämpfer allein zu ihm gehört habe. Der König und alle Anwesenden sind erstarrt. Zugleich wird aus der Stadt Rebellion gemeldet. Alba übernimmt die Initiative.
6	Karlos, Arzt	Eine letzte Begegnung Elisabeths mit Karlos wird vorbereitet.
7	Karlos, Lerma	Lerma warnt Karlos vor dem König und huldigt ihm als dem zukünftigen König seiner Kinder.
8	Alba, Feria	Alba hat die gesamten Pläne Posas für einen Befreiungskrieg entdeckt.
9	König, die Granden, Alba	Der König analysiert die Motive Posas (anders als Karlos in V,4). Er beschließt, die Menschheit, für die Posa ihn verraten hat, für diesen Verrat büßen zu lassen, und als Ersten Karlos. – Alba übergibt die beschlagnahmten Papiere Posas.
10	König, Großinquisitor	Der Großinquisitor, der eigentliche ideologische Widerpart Posas, weist den König wegen dessen menschlicher Schwäche zurecht, enthüllt den lange vorbereiteten Plan der Inquisition, in Posa exemplarisch die menschliche Vernunft zu liquidieren, und bestärkt Philipp in dem Entschluss, den eigenen Sohn zu töten.
11	Karlos, Königin	Karlos versichert Elisabeth, das Vermächtnis Posas übernehmen zu wollen; seine Liebe will er von nun an der Menschheit widmen.
	König mit Gefolge und Großinquisitor	In diesem Augenblick erscheint der König mit dem Großinquisitor und lässt Karlos festnehmen.

Der inhaltliche Aufbau des Stücks

Erster Akt

I,1–2: Der königliche Garten in Aranjuez

Domingos Erkundigung nach dem Grund von Karlos' Schwermut

I,1: Karlos – Domingo. Das Drama beginnt kurz vor dem Ende eines Ferienaufenthalts des königlichen Hofes in der Frühjahrsresidenz in Aranjuez (einige Kilometer südlich von Madrid). Domingo, Beichtvater und Vertrauter König Philipps II., sucht das Gespräch mit dem Prinzen Karlos. Er scheint besorgt um die innere Verfassung des Prinzen. Der „stille und feierliche Kummer", der seit einiger Zeit in seinen Blicken zu lesen sei, bereite nicht nur Karlos' Vater Philipp, sondern auch seiner Mutter Elisabeth große Sorgen. Die sicher nicht zufällige Erwähnung der Mutter weckt in Karlos heftige Emotionen; seine Äußerungen gewähren einen ersten Einblick in die Ursachen seines Kummers. Elisabeth, die „neue Mutter" (Karlos' leibliche Mutter ist bei seiner Geburt gestorben), habe ihn die Liebe seines Vaters gekostet, der ihn überhaupt nur noch deswegen schätze, weil er als einziger Sohn der Thronfolger sei. Offenbar um Karlos weitere Bekenntnisse zu entlocken, hakt Domingo nach. Er erinnert Karlos daran, dass er selbst einmal mit der „schönste[n] Frau auf dieser Welt" verlobt gewesen sei, ehe sein Vater sie zu seiner Frau gemacht habe (was Karlos ihm nicht verzeihen kann). Domingos Geschichte von einem Turnierunfall, bei dem Elisabeth sich um den Sohn weit mehr gesorgt habe als um den Gatten, lässt erkennen, dass er eine besondere Beziehung zwischen Karlos und Elisabeth vermutet.

Karlos' Argwohn gegen die Hofpartei

Karlos bereut es schnell, sich Domingo zu weit geoffenbart zu haben. Er beschuldigt den Beichtvater Philipps, ihn im Dienste des Königs und um seiner kirchlichen Karriere willen ausspionieren zu wollen. Und nicht nur gegen Domingo richtet sich Karlos' Misstrauen, sondern gegen eine ganze Gruppe von Höflingen („hundert

Augen"), die offensichtlich im Auftrag des Königs handeln. Schmerzlich ist Karlos das Bewusstsein, überall durch den Vater bespitzelt zu werden. Die Schlussverse der Szene zeigen, dass Philipps Argwohn wohl nicht unbegründet ist: Karlos deutet an, dass dem König die „fürchterlichste der Entdeckungen" drohe.

I,2: Karlos – Posa. Die zweite Szene bringt mit dem Auftreten Posas plötzlich eine Hoffnung für den Prinzen, der sich eben noch hoffnungslos und von allen an diesem Hof verraten fühlte. Marquis Posa, der Freund aus Kindheits-, Schul- und Universitätstagen, ist eben von einer Reise nach Flandern und Frankreich zurückgekehrt.

Wiedersehen zwischen Karlos und Posa

Im Verlauf der Szene erinnert Karlos an die Geschichte ihrer Beziehung: an sein lange vergebliches Bemühen um die Freundschaft Posas (der den Rangunterschied für unüberwindlich hielt), an sein Eintreten für Posa, als er die harte Züchtigung für dessen Versehen beim Federballspiel auf sich nahm, und an den daraufhin geschlossenen Freundschaftsbund und Posas Versprechen, seine Schuld dereinst zu begleichen. Später auf der Universität hingen sie einem gemeinsamen Ideal an: dem Traum von Freiheit und einem neuen goldenen Zeitalter, das Karlos heraufführen wollte.

Geschichte ihrer Freundschaft

Ihr Freiheitsideal

An diese Hoffnungen und Vorsätze erinnert Posa, während Karlos nun nichts mehr davon hören will. In dieser Szene stoßen zwei entgegengesetzte Ansprüche aufeinander: Karlos' Streben nach individuellem Lebensglück und die von Posa vertretenen überindividuellen Forderungen der „Menschheit". Posa sieht sich als „Abgeordnete[n] der ganzen Menschheit", konkret: als Gesandten eines „unterdrückte[n] Heldenvolk[es]", nämlich der um ihre Freiheit ringenden Niederländer, die Schutz fordern vor dem drohenden Terror Herzog Albas, den König Philipp als Oberkommandierenden gegen die Aufständischen senden will. Und in Karlos sucht Posa den „löwenkühne[n] Jüngling" von einst; doch „der ist lang begraben": Karlos sieht in seinem Freund jetzt einen Tröster, einen Retter, der sein „krankes Herz" heilen soll. An politische Ideale zu denken, ist er im Augenblick weder bereit noch fähig.

Überindividuelle Forderungen der Menschheit kontra Streben nach individuellem Glück

Posas Besorgnis um die Niederlande

Indem er beschwörend an das Jugendbündnis erinnert, versucht Karlos den Freund als Helfer in eigener Sache zu gewinnen. Er gesteht ihm, dass er seine Stiefmutter

Karlos' Bedürfnis nach Hilfe: Seine Liebe zur Mutter

Elisabeth aussichtslos und gegen Sitte und Recht liebt. Das Unrecht, das er damit gegen seinen Vater verübt, sucht er zu verkleinern, indem er das unerträgliche Verhältnis zu seinem Vater beschreibt: er habe den König immer nur als den Unnahbaren und Strafenden erlebt, den er trotz aller Bemühung nie als Vater habe lieben können.

Vater-Sohn-Gegensatz

> „Kann ich dafür, wenn eine knechtische
> Erziehung schon in meinem jungen Herzen
> Der Liebe zarten Keim zertrat? Sechs Jahre
> Hatt ich gelebt, als mir zum ersten Mal
> Der Fürchterliche, der, wie sie mir sagten,
> Mein Vater war, vor Augen kam. Es war
> An einem Morgen, wo er stehnden Fußes
> Vier Bluturteile unterschrieb [...]."
>
> (V. 309ff.)

Überraschenderweise versucht Posa nicht weiter, Karlos für seine politischen Pläne zu gewinnen. Stattdessen sagt er sogleich zu, noch am selben Tag eine Begegnung zwischen Karlos und Elisabeth, die er aus Frankreich kennt, zu arrangieren.

I,3–9: Die Hofhaltung der Königin in Aranjuez

I,3–4: Die Königin und ihre Hofdamen: Herzogin Olivarez, Prinzessin Eboli, Marquisin Mondekar. Die nächste Szenenfolge setzt die Handlung unmittelbar fort, indem sie die geplante Begegnung zwischen Karlos und Elisabeth herbeiführt. Vorher aber wird der Hintergrund ausgeleuchtet, vor dem sich dieses Treffen vollzieht. Es ist nicht nur Karlos, der sich in der Atmosphäre dieses Hofes wie ein Gefangener fühlt; auch die Königin empfindet sich fremd und unfrei in der unmenschlichen Kälte des spanischen Hofes und der Enge seiner Etikette. Die starre Regelung des Tageslaufs verbietet es der Königin beispielsweise, sich spontan ihrer kleinen Tochter zuzuwenden („Es ist noch nicht die Stunde"). Hinzu kommt die Atmosphäre des religiösen Fanatismus, der die Hofdamen von Ketzerverbrennungen schwärmen lässt. – Kontrastiert wird dieses Bild spanischer Unfreiheit mit den wehmütigen Erinnerungen der Königin an ihre Kindheit in Frankreich („In meinem Frankreich

Die Königin: Ihr Leiden unter der Starre des Hofes

war's doch anders", I,6,845): ‚Frankreich' wird neben den ‚Niederlanden' bzw. ‚Flandern' zu einer Chiffre für die Freiheitssehnsucht.

Die Sehnsucht der Königin nach Freiheit

Nicht höfisch-zeremoniell oder politisch-taktierend, sondern menschlich-verständnisvoll reagiert die Königin denn auch auf die Bitte der Prinzessin Eboli, den für sie vorgesehenen Bräutigam abzuweisen, sie nicht „aufgeopfert werden" zu lassen. Das entspricht der Wesensart der Königin; sie ist wohl auch betroffen durch die Parallelität des hier drohenden Schicksals mit der Art, wie man über sie selbst verfügt hat („Es ist / Ein hartes Schicksal, aufgeopfert werden", V. 452 f.).

Einführung der Prinzessin Eboli

Dann wird Marquis Posa gemeldet, der der Königin Briefe ihrer Mutter überbringen will. Die Königin nimmt es auf ihre Verantwortung, ihn hier im Park zu empfangen.

I,4: Die Königin und ihre Hofdamen, Marquis Posa. Die Begegnung mit dem Marquis weckt in Elisabeth Erinnerungen an Frankreich. Sie zweifelt, ob sich Posa („ein Freier! Ein Philosoph!") in die Atmosphäre Madrids wird einfügen können.

Posa und die Königin

Posa deutet der Königin Karlos' Situation und seine Liebe zu ihr durch eine erfundene Parallelgeschichte an. Die Königin lässt sich auf seinen Plan ein und entfernt die Prinzessin Eboli unter einem Vorwand. Daraufhin zieht Posa sich mit der Marquisin Mondekar in den Hintergrund zurück und winkt Karlos herbei.

Vorbereitung der Karlos-Elisabeth-Begegnung

I,5: Die Begegnung zwischen Karlos und der Königin. Ein solches Gespräch unter vier Augen, und sei es auch mit dem Stiefsohn, ist ein grober Bruch der Etikette, über die Elisabeths „Kerkermeister" (V. 653) eigentlich streng wachen müssten (dementsprechend hart reagiert König Philipp im folgenden Auftritt). Tatsächlich ist die Begegnung unschuldig, was die Königin angeht – nicht allerdings von Seiten des Sohns: Karlos gesteht Elisabeth seine Liebe, die doppelt gegen gültige Regeln verstößt, denn Elisabeth ist seine (Stief-)Mutter, und sie ist die Gattin des Königs. Er glaubt sich zu diesem Übertreten aller Normen berechtigt, zum einen weil Elisabeth eigentlich seine Braut gewesen sei, die Philipp ihm geraubt habe, und zum andern weil Philipp sie ja gar nicht liebe. Nur dann wäre er zu verzichten bereit, wenn Elisabeth den König liebte; doch er versucht, sie zu dem Geständnis zu

Die Karlos-Elisabeth-Szene

Karlos' Liebe zu Elisabeth

drängen, dass das nicht der Fall sei. Schließlich versteigt er sich in leidenschaftlichem Verlangen nach individuellem Glück zu der Aussage, dass er nicht gesonnen sei, unglückselig zu bleiben,

> „wenn es ihn
> Nichts als den Umsturz der Gesetze kostet,
> Der Glücklichste zu sein."
> (V. 726 ff.)

Elisabeths Forderung, die Liebe den Niederlanden zu widmen

Durch ihr Entsetzen über diese Maßlosigkeit bringt Elisabeth Karlos zur Besinnung zurück. Und sie setzt nun dem individuellen Glücksstreben des Prinzen die Forderung der Sittlichkeit entgegen: er solle seine Liebe nicht, fehlgeleitet, an die Mutter verschwenden, sondern sie seinen künftigen Reichen widmen, denen er sie schuldig sei: „Elisabeth / War Ihre erste Liebe. Ihre zweite / Sei Spanien!" (V. 790 ff.).
Karlos ist im Begriff, sich der Forderung Elisabeths zu unterwerfen: „Ja, alles, / Was Sie verlangen, will ich tun" (allerdings kann und will er „nur ewiges Verstummen" schwören, „doch ewiges Vergessen nicht"). Da wird die Unterredung durch das Nahen des Königs und seines Hofstaates jäh unterbrochen. Dem Davoneilenden gibt Elisabeth aber noch (offenbar von Posa ihr überbrachte) Briefe mit Hilferufen aus den Niederlanden mit auf den Weg: ihr letztes Wort, ihre letzte Geste bekräftigt die Forderung, sich vom Privaten abzuwenden und sich in den Dienst der Allgemeinheit zu stellen.

Karlos' Stimmungsumschwünge

Auffallend und charakteristisch sind in dieser Szene die wiederholten plötzlichen Umbrüche in Stimmung und Entschlüssen des Prinzen. So schlägt sein Liebesüberschwang sogleich in Kälte um, als er einen Augenblick lang zu hören meint, Elisabeth liebe den König (V. 709 f.); und am Szenenschluss erklärt er erst: „Ich bleibe", ändert seinen Entschluss dann jedoch sofort, als die Königin ihn daran erinnert, dass in diesem Fall sie das Opfer sein würde. Diese Impulsivität und Unstetigkeit im Fühlen und Handeln wirft die Frage auf, ob es Karlos gelingen wird, die Liebesleidenschaft in eine Liebe zur Menschheit zu veredeln, wie es die Königin von ihm gefordert hat.

I,6: König Philipp mit den Großen seines Reichs: dem Herzog von Alba, dem Grafen Lerma (dem Obersten

der Leibwache) und Domingo; andererseits die Königin, zunächst ohne ihre Damen. Karlos und Posa haben sich unbemerkt entfernen können, doch die Marquisin Mondekar kann nicht schnell genug an die Seite der Königin zurückkehren. Der König, der seine Gemahlin ohne Gesellschaftsdamen antrifft, untersucht diesen Verstoß gegen die Etikette, über den er aufs Äußerste befremdet ist, und verbannt mit raschem Urteilsspruch die Marquisin Mondekar auf zehn Jahre.

Der König

Untersuchung des Verstoßes gegen die strenge Etikette

Gegen dieses Verfahren protestiert die Königin nachdrücklich, indem sie die freie Entscheidung zur Sittlichkeit höher stellt als äußeren Zwang:

Forderung Elisabeths: „Tugend" statt Zwang

> „Bloß Zwang bewacht die Frauen Spaniens?
> Schützt sie ein Zeuge mehr als ihre Tugend?"
> (V. 834 f.)

Sie versichert die verbannte Mondekar ihrer Gnade und verweist sie auf ‚ihr' Frankreich als Symbol der Freiheit und einer lebenswerten Menschlichkeit. Daraufhin sieht sich der König – immerhin „in einiger Bewegung" – veranlasst, seine Haltung zu begründen:

> „Für meine Völker haftet mir mein Schwert,
> Dies Auge nur für meines Weibes Liebe."
> (V. 856 f.)

Er bekräftigt also seine dem Ideal Elisabeths konträr entgegengesetzte Position. Seine große Liebe zu Elisabeth ist echt; aber sie ist für ihn keine Sache des Herzens, der Treue und des Vertrauens. Vielmehr auf eifersüchtigen Argwohn, auf Überwachung und Zwang gründet sich seine Stellung – als Ehemann wie als König. Dieselben Grundsätze bestimmen gleich darauf auch sein Verhalten gegenüber Karlos, den er in seinem Gefolge vermisst; und er fordert die misstrauische Bespitzelung des Thronfolgers auch von seinen Granden (V. 876). Herzog Alba versichert den König sofort seiner unbedingten Zuverlässigkeit; nur Graf Lerma wagt es, für den Infanten einzutreten, indem er sich auf dessen „Herz" beruft. Doch der König setzt auf Alba.

Philipps Prinzip der Überwachung

Die Prinzipien seines Umgangs mit Gattin und Sohn wendet Philipp natürlich erst recht gegen seine Untertanen an: Strenge, Unnachgiebigkeit, Zwang, Gewalt und auch Terror. Die Szene endet mit seiner Ankündigung einer großen feierlichen Ketzerverbrennung am folgenden Tag:

> „Die Pest
> Der Ketzerei steckt meine Völker an,
> Der Aufruhr wächst in meinen Niederlanden.
> Es ist die höchste Zeit. Ein schauderndes
> Exempel soll die Irrenden bekehren.
> Den großen Eid, den alle Könige
> Der Christenheit geloben, lös ich morgen.
> Dies Blutgericht soll ohne Beispiel sein:
> Mein ganzer Hof ist feierlich geladen."
> (V. 890 ff.)

König Philipp als absoluter Despot

Die Szene, die König Philipp einführt, exponiert ihn also als despotischen Herrscher in Familie und Reich. Charakteristisch für ihn sind unbeirrbare Selbstgewissheit, Starrheit und Enge der Konvention, Eifersucht gegenüber seiner Gemahlin und Misstrauen gegenüber dem Sohn. In der Ausübung seiner Regierung kennzeichnen ihn die Unterdrückung aller Freiheitsbestrebungen und die unnachsichtige Verfolgung aller Abweichler vom rechten Glauben.

Die Freunde Karlos und Posa

I,7–9: Der Freundschaftsbund zwischen Karlos und Posa. Nachdem Philipp mit seinem Gefolge die Bühne verlassen hat, tritt Karlos wieder auf, die Briefe aus den Niederlanden in der Hand, die ihm Elisabeth anvertraut hat. Ihrem Auftrag gemäß und in Übereinstimmung mit Posas Wünschen will er nun für Flandern eintreten; er wird am nächsten Tag um Audienz beim König nachsuchen (eine Ankündigung der Audienzszene II,2) und bitten, anstelle von Alba vielmehr ihn nach Flandern zu schicken. Er erhofft sich von dieser Audienz darüber hinaus auch eine Verbesserung des gespannten Verhältnisses zum Vater.

Karlos' Entschluss zum Eintreten für Flandern

Karlos' Bitte um Freundschaft

Nach einem kurzen Auftritt des Grafen Lerma wird der Freundschaftsbund zwischen Karlos und Posa erneuert. Posa warnt zunächst vor dem Rangunterschied, der nach Karlos' Thronbesteigung noch größer werden und ihn allen Versuchungen der Macht – „den Reizungen der unumschränkten Majestät" – aussetzen werde. Er betont die Schwierigkeiten der Gleichberechtigung in einer absoluten Monarchie:

„Den Trotz des Bürgers würden Sie nicht dulden,
Ich nicht den Stolz des Fürsten."
(V. 966 f.)

Karlos dagegen setzt auf die Kraft der Freundschaft, mit der sich ihm zugleich die Ideale von Brüderlichkeit und Gleichheit verbinden, wenn er den Freund um das „brüderliche Du" bittet:

Das brüderliche Du: Freundschaft
- Brüderlichkeit
- Gleichheit

„Dies brüderliche *Du* betrügt mein Ohr,
Mein Herz mit süßen Ahndungen von
Gleichheit."
(V. 1005 f.)

Als Posa einwilligt, gewinnt Karlos die furchtlose Zuversicht, der bedrohenden Verlockung des Despotismus entgehen und ein neues Zeitalter heraufführen zu können:

„Arm in Arm mit dir,
So fordr ich mein Jahrhundert in die Schranken."
(V. 1011 f.)

Vorläufig – im I. Akt – behalten Karlos und Posa mit ihren Freiheits- und Freundschaftsideen das letzte Wort.

Zweiter Akt

II,1–3: Im königlichen Palast zu Madrid

II,1: König Philipp – Alba – Karlos. Karlos, den der König in Anwesenheit Herzog Albas empfängt, kämpft darum, den Vater unter vier Augen sprechen zu dürfen, und er versucht deshalb, den Herzog zu vertreiben. Er gibt vor, den Staatsgeschäften den Vortritt vor den Privatangelegenheiten des Sohnes lassen zu wollen; er wendet sich bittend an die Großmut des Herzogs, ihm den Vater „als Geschenk" zu überlassen; er verweist Philipp auf sein gespanntes Verhältnis zu Alba; und da alles nichts hilft, sieht er sich schließlich gezwungen, den Herzog zu beleidigen, indem er ihm seine Zudringlichkeit vorwirft. Jetzt muss der König nachgeben, um die Ehre seines Ministers zu retten. Karlos erlangt das ersehnte Gespräch mit dem Vater unter vier Augen, aber

Karlos' Kampf um eine Privataudienz

Beleidigung Albas

die Begegnung steht nun von vornherein unter keinem günstigen Vorzeichen.

Karlos beim Vater:

II,2: Die Audienzszene: König Philipp – Karlos. Zweierlei erhofft sich Karlos von der Audienz: die Versöhnung mit dem Vater und – zugleich als Bestätigung dieser Aussöhnung – die Entsendung nach Flandern anstelle von Alba. Die Szene beginnt mit dem ungestümen, aus tiefster Seele hervorbrechenden Bemühen des Sohnes um Versöhnung mit dem Vater. Er hofft, in diesem Augenblick „der Etikette bange Scheidewand" eingesunken zu finden; er küsst dem Vater die Hand, fällt ihm zu Füßen und bricht in Tränen aus, als der Vater ihn zurückweist. Doch Philipp kennt und erträgt eine solche Sprache des Herzens nicht und interpretiert sie deshalb falsch. Er vermag in Karlos' impulsiver Unmittelbarkeit nur ein „Gaukelspiel" zu sehen, und Tränen sind ihm der Ausdruck von Weichlichkeit und Feigheit, ein „unwürd'ger Anblick". Karlos' Bemühungen können die Skepsis des Königs gegenüber dem Sohn nicht ausräumen:

Karlos' Bitte um Versöhnung

> „Denkst du den schweren Zweifel deines Vaters
> Mit schönen Worten zu erschüttern?"
> (V. 1084 f.)

Hinweis auf die Einsamkeit des Königs

Karlos nimmt einen zweiten Anlauf, die Mauer der Ablehnung zu durchbrechen (ab V. 1085). Er versucht die Intriganten, die den Zweifel gesät haben, zu verdrängen und an die Stelle der „Mietlinge" den „Sohn" zu setzen, der den Vater liebt und der verhindert, dass der Vater auf dem Thron allein ist. Von dieser Argumentation wird Philipp zum ersten Mal innerlich wirklich angerührt. „Ergriffen" und „nachdenkend" gesteht er sich ein: „Ich *bin* allein" (V. 1109). Der Zweifel an Karlos bleibt jedoch bestehen, denn gerade als Vertrauter und Hoffnungsträger ist der Sohn dem Vater nie erschienen.

Nun reagiert Karlos pathetisch, indem er bekennt, sich zu großen, edlen Taten berufen zu fühlen:

> „Dreiundzwanzig Jahre,
> Und nichts für die Unsterblichkeit getan! […]
> Mich ruft die Weltgeschichte."
> (V. 1147 ff.)

Er will dem Vater beweisen, dass er vertrauenswürdig ist, und als Zeichen für das erflehte Vertrauen bittet er um das Kommando über das Heer, das nach Flandern abgehen soll. Doch der König lehnt ab mit dem Hinweis auf Karlos' Jugend und Unerfahrenheit:

Karlos' Bitte um das Flandern-Kommando

> „Dies Amt
> Will einen Mann und keinen Jüngling."
> (V. 1174 f.)

Als Karlos jedoch insistiert, erwacht Philipps Argwohn, Karlos' Absichten könnten gegen seine Herrschaft und sein Leben gerichtet sein:

> „Mein bestes Kriegsheer deiner Herrschbegierde?
> Das Messer meinem Mörder?"
> (V. 1190 f.)

Ergebnisse der Audienz

Beide Bitten des Sohnes werden also von Philipp abgewiesen, und Karlos ist am Ende der Szene vernichtet. Dabei bemerkt er nicht (kann es wohl auch nicht bemerken), wie sehr er einerseits Philipp durch den Hinweis auf dessen Alleinsein betroffen gemacht hat und wie stark er andererseits die Stellung Albas erschüttert hat, wie die folgende Szene zeigt.

Veränderte Einstellung Philipps zu Karlos und Alba

II,3: König Philipp – Alba. Alba erhält, wie vorgesehen, das Kommando nach Flandern. Zugleich aber lässt der König einen Wandel seiner Einstellung zu seinem ersten Minister erkennen. Karlos' Worte haben ihre Wirkung eben nicht verfehlt. Philipp sieht Alba jetzt kritisch, und er zieht in Erwägung, ob er vielleicht wirklich zu Unrecht von Alba „vor [s]eines Sohnes schwarzem Anschlag" gewarnt worden sein könnte. Die Szenenfolge schließt mit der Absichtserklärung Philipps, dass Karlos künftig seinem Thron näher stehen solle.

II,4–6: Ein Vorsaal vor dem Zimmer der Königin

II,4: Karlos und ein Page. Die als Ergebnis der Begegnung von Vater und Sohn sich andeutende Möglichkeit einer Wendung zum Besseren wird durch die in der nächsten Szenenfolge einsetzende Verwechslungs-Handlung wieder in Frage gestellt. Ein Page überbringt Karlos von einer ungenannten Dame ein Billett mit der Einladung zu einem Rendezvous. Da man sich im Vorsaal der Königin befindet, der Page ein Edelknabe der Königin ist und Karlos sich keine andere Dame zu denken weiß,

Das Billett der Eboli und Karlos' Fehlinterpretation

nimmt er an, das Billett komme von der Königin. Wenn er einen Moment zweifelt, so nur, weil er überlegt, ob Philipp ihm hier irgendwie eine Falle stellen könnte. Im Übrigen ist er in der Gewissheit, von Elisabeth also doch geliebt zu werden, außer sich wie ein Rasender. Für den Zuschauer allerdings ist es befremdlich, dass Karlos die Koketterie mit dem nicht genannten Namen, den frivolen Ton des Billetts und überhaupt eine solche Erklärung der Liebe ernstlich Elisabeth zutrauen kann (und das nach seiner Unterredung mit ihr in I,5).

Streit zwischen Karlos und Alba

II,5–6: Karlos und Herzog Alba; am Schluss die Königin. In dieser Verfassung trifft ihn Alba an, der sich von der Königin verabschiedet hat und nun den Prinzen versöhnen will, beides gemäß der Weisung des Königs in II,3. Doch die Aussöhnung misslingt gründlich. Karlos ist gegenwärtig nicht imstande zu einem ernsthaften Gespräch, weil er unmittelbar nach dem durch die Szene mit Philipp hervorgerufenen Zusammenbruch jetzt in jähem Stimmungsumschlag außer sich ist vor Glück. Er bescheinigt dem Herzog (und zwar „nicht mit Ironie“!), „ein großer General“ zu sein, der es durchaus verdiene, dem unerfahrenen Prinzen als Truppenkommandeur vorgezogen zu werden. Im Übrigen versucht er, den Herzog rasch abzufertigen. Alba andererseits geht es gar nicht um Versöhnung, sondern vielmehr darum, den Prinzen auszuhorchen. Der Dank, dass Karlos ihm das Kommando verschafft habe, und die Frage, ob Karlos Aufträge nach Flandern habe, sind nicht ernst gemeint, sondern wollen Karlos nur zu einer unbedachten Äußerung verleiten. Alba lässt sich auch nicht einfach abschieben. Er versucht Karlos noch weiter zu reizen, indem er dessen Beleidigung aus II,1 zitiert (V. 1388 → V. 1033).

Gegen Schluss der Szene kommt es dann zu einem ernsthaften Rededuell, in dem Alba, nicht ohne Recht, auf seine Verdienste um das Reich und auf seine militärischen Leistungen hinweist, Karlos dagegen, jetzt in wirklicher Auseinandersetzung mit der Position seines Gegenübers, die Unmenschlichkeit dieser Taten verurteilt. Dabei wird er sarkastisch, wenn er von dem „Vorrat Blutsentenzen“ spricht, die Alba mit sich führe („Die Vorsicht / Ist lobenswert“), und wenn er schließlich zu dem Ergebnis kommt: Dass Philipp dem Sohn solche Untaten nicht zumuten wollte, das sei „der Anfang sei-

Beleidigung Albas

ner Achtung" gewesen. Damit berührt Karlos unwissentlich eine Wunde, die dem Herzog von Philipp zugefügt worden ist (durch dessen Äußerung, er sehe es ungern, wenn Karlos die Minister des Königs nicht hasse, sondern verachte, V. 1247 f.). Der Streit wird zur unversöhnlichen Konfrontation; beide greifen zum Schwert.

Verhinderung eines Duells durch die Königin

Als jedoch in diesem Moment die Königin aus ihrem Zimmer tritt, lenkt Karlos sofort ein, bietet dem Herzog Versöhnung an und „eilt außer Fassung fort". Dieser plötzliche Umschlag der Stimmung muss Alba misstrauisch machen; und die Königin, die die Situation durchschaut, wird seinen Argwohn kaum beseitigen können.

II,7–9: Ein Kabinett der Prinzessin Eboli

II,7: Die Prinzessin Eboli und der Page. Das Ergebnis der vergangenen Auftritte ist es, dass Alba zum unversöhnlichen und offenen Feind von Karlos wird. Die nächste Szenenfolge führt dazu, dass auch die Prinzessin Eboli zu seiner argwöhnischen Feindin wird, gefährlicher noch als Alba, da sie schneller und deutlicher als dieser der Liebe des Prinzen zu Elisabeth auf die Spur kommt.

Bericht des Pagen an die Eboli

Zunächst erfährt der Zuschauer, dass es die Prinzessin Eboli war, die das Liebesbillett an Karlos geschickt hat, und nicht die Königin. Der von Karlos zurückkehrende Page berichtet der ungeduldig-sehnsuchtsvollen Prinzessin von seiner Begegnung mit dem Prinzen. Die Verwechslung kommt auch bei diesem Bericht nicht an den Tag; der einzige kritische Punkt – dass nämlich Karlos gesagt hat, der König dürfe von diesem Verhältnis nichts wissen – wird von der Prinzessin falsch interpretiert. Der König (so erfährt man aus Andeutungen) möchte selbst ein Liebesverhältnis mit der Prinzessin anknüpfen und wäre deshalb gefährlich eifersüchtig auf einen Nebenbuhler.

Die Eboli-Karlos-Szene

II,8: Die große Szene zwischen Karlos und der Prinzessin Eboli. Eine Kette von Verwechslungen und Missverständnissen wird kunstvoll gesteigert über 350 Verse hin bis fast zum Ende der Szene (V. 1534–1854).

Wechselseitiges Missverstehen der Situation

Karlos, geblendet durch sein vermeintliches Liebesglück und bestürzt über den (wie er glaubt) ärgerlichen Zufall, die Eboli dort zu treffen, wo er Elisabeth erwartet, merkt nichts von dem Missverständnis: er ist blind und taub für alle Zeichen der Liebe der Eboli und nur bemüht, mit

Anstand und unentdeckt wieder fortzukommen. (Seine Zerstreutheit ist z. T. wirklich fast unglaublich; vgl. etwa V. 1630 ff.) Die Prinzessin dagegen glaubt, dass Karlos sich verstelle, sei es aus Schonung für sie (V. 1557 ff.), sei es aus Furcht vor dem König (V. 1653 f.) oder auch aus Bosheit (V. 1570, 1660 ff.). Sie versucht, ihn zu einem Geständnis seiner Liebe zu veranlassen, wobei sie aber aus Selbstachtung und Stolz ein direktes Bekenntnis ihrer Liebe vermeiden will. (Die Art, wie sie die liebenswerten Eigenschaften des Prinzen rühmt, bes. V. 1609 ff., klingt allerdings für jeden anderen als Karlos unüberhörbar nach einer Liebeserklärung.)

Erinnerung an scheinbare Liebesbeweise

Nach dieser ersten Runde, in der die Missverständnisse aus unterschiedlicher Interpretation der gegenwärtigen Situation entspringen, bemüht sich die Prinzessin ab V. 1660, Karlos durch verschiedene Erinnerungen zum Geständnis seiner Liebe zu ihr zu zwingen. Sie verweist u. a. auf eine Bandschleife der Königin, die Karlos an sich trägt und die sie für ihre eigene Schleife hält, und sie erinnert daran, wie Karlos ihr beim Kartenspiel ein Liebesgedicht zugespielt hat (wobei er abermals Elisabeth gemeint hat, was die Eboli aber nicht wissen kann). Alle Bemühungen der Prinzessin laufen jedoch ins Leere. Karlos leugnet alles bzw. er versucht, die Vorfälle herunterzuspielen.

Die Eboli als verfolgte Unschuld

Daraufhin nimmt sie ab V. 1744 einen dritten Anlauf. Sie ruft Karlos zum Zeugen und Richter dafür auf, wie böse man ihr mitspielt. Aus politischen Rücksichten soll sie „verkauft" werden; auch ihrer „Unschuld stellt man nach", wofür sie als Beweis ein Liebesbillett vorlegt. Karlos, der fasziniert und betroffen ist, wie sich Unschuld in einer Welt voller Intrigen zu behaupten sucht, nimmt das Billett an sich, ohne vorerst zu bemerken, dass es vom König kommt. Die Prinzessin aber steigert sich zu dem stolzen Bekenntnis, für sie sei Liebe kein Handelsgut, sondern ein einmaliges Geschenk von unschätzbarem Wert. Ein solches heldenhaft tugendreiches Mädchen bringt Karlos in schwärmende Bewunderung. Er liebt in ihr die Idee der Tugend – was die Eboli jedoch als eine persönliche Liebeserklärung missversteht (V. 1805 ff.); und er hält sie deshalb für den geeigneten Menschen, dem er von seiner Liebe (zu Elisabeth – der Name bleibt aber wieder ungenannt) sprechen kann: „Ich leugn' es nicht – ich liebe!" (V. 1847).

Karlos' scheinbare Liebeserklärung

Nach dieser (vermeintlichen) Liebeserklärung kann nun auch die Eboli ihre Liebe bekennen; sie gesteht, die ganze Szene nur aus Liebe zu Karlos arrangiert zu haben, u.a. ihm das Billett mit dem Schlüssel geschickt zu haben. An das Stichwort ‚Schlüssel' knüpft sich die Entdeckung des Irrtums. Karlos begreift nun endlich. Aus seiner Reaktion wird der Prinzessin sofort das ganze, für sie ungeheure Missverständnis klar. Karlos versucht sich zu entschuldigen. Doch die Prinzessin, aus leidenschaftlichstem Glück in tiefste Enttäuschung hinabgestürzt und zudem in ihrem Stolz tödlich verletzt, ist für seine Worte nicht mehr zugänglich und weist ihn fort. Sie verlangt nur noch Schlüssel und Brief zurück.

Entdeckung des Irrtums

Jetzt erst wird Karlos klar, dass der Brief, der die Prinzessin zu einer Schäferstunde einlud, vom König kam. Er weigert sich, diesen Brief zurückzugeben. Dieser Beweis der Untreue des Königs gibt ihm seiner Meinung nach nun das Recht, die Bindung Elisabeths an Philipp zu ignorieren.

Bedeutung des Philipp-Billetts für Karlos

II,9: Ein Monolog der Prinzessin Eboli. Die Szene zeigt die Prinzessin beim kritischen Nachdenken über das Geschehene. Dass Karlos über „des Königs buhlerische Absicht" frohlockt hat, „dass seine strenge Tugend hier verstummte", bringt sie darauf, dass Karlos Elisabeth liebt (was dann auch durch Sachargumente gestützt wird; alle von ihr in der vorigen Szene aufgeführten Beweismittel treffen außer auf sie nur auf die Königin zu). Und weil Karlos Elisabeth zutraut, sie könnte ihn mit Brief und Schlüssel zu einer Schäferstunde geladen haben, traut nun auch die Eboli der Königin „die rasende Entschließung zu". Und schließlich: Ähnlich wie Karlos den Ehebruch des Königs als Rechtfertigung für seine eigenen ehebrecherischen Pläne nimmt, so nimmt die Prinzessin die Untreue der Königin als Rechtfertigung für ihr gegenüber ihrer Königin treuloses Vorhaben. Nicht nur aus gekränktem Stolz und rasender Eifersucht, sondern eben auch aus Enttäuschung, dass die als „Heilige" Verehrte als lasterhafte „Gauklerin" entlarvt ist und damit sozusagen die Möglichkeit von Tugend grundsätzlich in Frage gestellt hat, beschließt die Prinzessin, „Rache" zu nehmen: „Der König wisse den Betrug" (V. 1944).

Monolog der Eboli

Analyse von Karlos' Verhalten

Ebolis Entschluss zur Rache

II,10–13: Ein Zimmer im königlichen Palaste

Alba und Domingo; dann Domingo und die Eboli; schließlich alle drei. Alba berichtet Domingo über Don Karlos' seltsames und verdächtiges Verhalten in der Streitszene II,6 beim Erscheinen der Königin. Es zeigt sich, dass Domingo längst einen Argwohn gegen Elisabeth und Karlos hegt, sich aber bisher mit einem so heiklen Thema nicht hervorgewagt hat. Weiter berichtet Alba über das zweideutige Verhalten des Königs ihm gegenüber in II,3, nach der Karlos-Audienz. Durch die Art, wie ihm der König das Kommando nach Flandern übertragen habe, habe die neue Würde „einer Landsverweisung ähnlicher [gesehen] als einer Gnade". Aufs höchste beunruhigt über den zunehmenden Einfluss des Infanten, erklärt nun Domingo sein Verhältnis zu Karlos. Es handle sich nicht um persönliche Feindschaft, sondern um prinzipielle Gegnerschaft gegen die Neuerer, Glaubensgegner, Selbstdenker und Menschenfreunde:

Albas und Domingos Verdacht gegen Karlos und Elisabeth

Domingos Gegnerschaft gegen Karlos' Liberalität

> „Der Infant […]
> Hegt einen schrecklichen Entwurf – Toledo –
> Den rasenden Entwurf, Regent zu sein
> Und unsern heilgen Glauben zu entbehren. –
> Sein Herz erglüht für eine neue Tugend,
> Die, stolz und sicher und sich selbst genug,
> Von keinem Glauben betteln will. – Er *denkt*!
> Sein Kopf entbrennt von einer seltsamen
> Chimäre – er verehrt den Menschen – Herzog,
> Ob er zu unserm König taugt?"
>
> (V. 2012 ff.)

Domingo erinnert an Philipps Alter – „Philipp / Wird sechzig Jahr alt" – und rückt damit die Frage der Thronfolge ins Bewusstsein. Sein Misstrauen richtet sich nicht nur gegen Karlos, sondern auch gegen Elisabeth:

> „Er und die Königin sind eins.
> Schon schleicht, verborgen zwar, in beider Brust
> Das Gift der Neuerer […]."
>
> (V. 2037 ff.)

Angesichts der Nachrichten Albas scheint rasches Handeln dringend geboten. Das vermutete Liebesverhältnis zwischen Karlos und Elisabeth wäre eine gute Gelegenheit, beide im Prinzip politischen Gegner auf einmal zu beseitigen. Als Übermittlerin der Verdächtigung an den König hat Domingo die Prinzessin Eboli vorgesehen. Deshalb hat er die Leidenschaft des Königs für sie genährt und hat versucht, der Prinzessin einen solchen Ehebruch als löbliche Tat darzustellen (V. 2059 ff.).

Die Eboli als Werkzeug Domingos

Die Szene II,11 zeigt Domingo im Gespräch mit der Prinzessin. Sie hat sich, entgegen ihrer früheren Haltung, entschlossen, Philipp zu erhören; sie begründet dies mit der Untreue der Königin (das war ja das Ergebnis ihrer Reflexionen im Monolog II,9). Die Bestätigung des Verdachts gegen Elisabeth sowie auch das Rendezvous der Prinzessin mit Philipp als Gelegenheit, diesem den Verdacht zu übermitteln – beides trifft sich ausgezeichnet mit den Plänen Domingos.

Alba wird dazugerufen, und die drei schließen ein Bündnis gegen Karlos und die Königin, wobei sich drei verschiedene Grundsatzpositionen (Schutz des Reiches / Bewahrung des Alten gegen die Gefahren der Aufklärung / Rache für die Verletzung des Ideals der Tugend) jeweils mit sehr niedrigen persönlichen Motiven verbinden (Verteidigung der eigenen Machtstellung in Politik und im Denken / Hass aufgrund verschmähter Liebe). Die Prinzessin wird den König baldmöglichst unterrichten, und sie wird aus der Privatschatulle der Königin Briefe entwenden, um die Verdächtigungen zu stützen.

Unterschiedliche Motive der drei Intriganten

II,14–15: In einem Kartäuserkloster

Erneute Begegnung zwischen den Freunden Karlos und Posa

Eine neue große Begegnung zwischen Karlos und Posa. Das Treffen findet in einem Kartäuserkloster außerhalb Madrids statt, damit absolute Geheimhaltung garantiert ist, denn die Freundschaft zwischen den beiden muss dem Hof unbekannt bleiben. Posa erfährt in diesem Gespräch erstens, dass dem Infanten das Flandern-Kommando verweigert worden ist, was Karlos aber angesichts seiner neuen Liebeshoffnung nichts auszumachen scheint, sehr zum Entsetzen des Freundes; Karlos selbst spricht gar nicht mehr von dem politischen Anliegen. Zweitens erfährt Posa von Karlos' Begegnung mit der Prinzessin Eboli, die Karlos leidenschaftlich schwärmend gegen Posas Misstrauen verteidigt. Vergebens versucht Posa ihm in richtiger Analyse der Gefühle, die die Prinzessin beherrschen müssen, die Augen zu

Bericht über Audienz und Eboli-Szene

öffnen. Und schließlich erfährt Posa drittens von dem Brief des Königs an die Eboli, den Karlos gebrauchen will, um sein Verhältnis zu Elisabeth zu rechtfertigen. Posa zerreißt den Brief; und er zerstört die Schein-Legitimation, die Karlos sich für seinen Egoismus zurechtgemacht hat, und bringt ihn zu sich selbst, d. h. zu seinem idealen Selbst, zurück.

Posa bringt den strauchelnden Karlos zu sich selbst zurück

Plan einer neuen Begegnung Karlos – Elisabeth

Karlos hat den Freund von Anfang der Szene an um Vermittlung einer neuen Begegnung mit Elisabeth gebeten. Nachdem er zu seinem besseren Selbst zurückgefunden hat, sodass in seinen Gedanken auch wieder Platz für das geknechtete Flandern ist, wird diese Begegnung auch von Posa befürwortet. Er verspricht, sie herbeizuführen – aber nicht, um Karlos' individuelles und in Posas Augen als solches irrelevantes Liebesglück zu sichern, sondern um das Glück der ganzen Menschheit (oder jedenfalls zunächst Flanderns) zu fördern.

Dritter Akt

III,1–5: Das Schlafzimmer des Königs

Der von Eifersucht gequälte König auf der Suche nach einer Vertrauensperson

III,1–2: König Philipp allein, dann mit Lerma. Die Szene zeigt Philipp am frühen Morgen nach dem Bericht der Eboli an den König und der Übergabe von Karlos-Briefen aus der Schatulle der Königin. Die Briefe stammen, wie sich erst später (IV,9,3692 ff.) herausstellt, aus der Zeit, als Elisabeth mit Karlos verlobt war. Philipp jedoch glaubt, wie es die Intriganten beabsichtigt haben, dass sie aus der jüngsten Vergangenheit datieren. Endgültiger Beweis für einen begangenen Ehebruch sind sie aber auch so nicht. Der übernächtigte Philipp bleibt in seiner qualvoll-ungewissen Eifersucht gefangen. Die Ausbrüche seiner gequälten Seele gegenüber Lerma wirken wie Fieberreden – Reden, in denen sich seine Eifersucht verrät. Doch nach den Vertraulichkeiten wendet sich der König in jähem Umbruch schroff von Lerma ab und argwöhnt, auch dieser sei von Elisabeth bestochen. Anders als durch Bestechung weiß sich der auf dem Thron Vereinsamte Zuneigung nicht zu erklären.

III,3–4: König Philipp mit Alba, dann mit Domingo, zuletzt wieder mit Alba. Der Herzog wehrt sich gegen die Beschuldigung, dass er nicht sorgfältig genug wache, indem er seine Zuständigkeit auf das Staatliche beschränkt. Dann aber verrät er sich (doch wohl absichtlich), weil er als Empfänger der Briefe, die ihm der König zeigt, sofort die Königin erkennt. Nun hat er Gelegenheit, von dem (inzwischen von seiner Geheimpolizei recherchierten) Treffen zwischen Karlos und der Königin in Aranjuez (I,5) zu berichten; dadurch überzeugt er den König von der Schuld Elisabeths. Doch dann überreizt er seine Position, indem er versucht, die Liebesbeziehung zwischen Karlos und Elisabeth auch psychologisch glaubhaft zu machen. Als er auf das Alter Philipps verweist, das eine wirkliche Liebe Elisabeths unmöglich erscheinen lasse, ist der Stolz des Königs verletzt; Alba wird fortgeschickt. Aber auch Domingo, von dem der König sich nun „Wahrheit" erhofft, treibt die Verdächtigungen zu weit, indem er andeutet, die kleine Infantin könne ein Bastard sein, Frucht einer ehebrecherischen Beziehung zwischen Karlos und Elisabeth. Philipp bezichtigt Domingo und Alba des Komplotts: sie wollten ihn nicht warnen, sondern ihn zum Werkzeug ihres eigenen Ehrgeizes bzw. ihrer Rachsucht machen. Kalt schickt er seine Räte fort, gleichsam als ob er sich von ihnen trennen wollte.

Alba und Domingo erweisen sich als eigensüchtige Intriganten

III,5: Monolog König Philipps. Der König grübelt nun darüber, wen er an die Stelle dieser bisherigen Vertrauten setzen könnte: „Jetzt gib mir einen Menschen, gute Vorsicht [Vorsehung]" (V. 2807). Der Monolog greift das Motiv wieder auf, das Karlos in der Audienzszene II,2 zuerst angeschlagen hat: das Bewusstsein der Einsamkeit auf dem Thron; die schmerzliche Einsicht, dass ein König zwar Werkzeuge, aber keinen „Freund" habe, der ihm „Wahrheit" geben könnte. Bei der Durchsicht seiner Notiztafeln (auf der Suche nach einem wirklichen „Menschen") stößt Philipp dann auf den Namen des Marquis Posa. Dieser Mann, der trotz hervorragender Verdienste nie versucht hat, sich selbstsüchtig oder ehrgeizig eine Karriere aufzubauen, interessiert ihn: „Wer mich / Entbehren kann, wird Wahrheit für mich haben" (V. 2848 f.). Es bahnt sich also eine Wende am Hofe an. Alba und Domingo scheinen in Ungnade gefallen, für

Philipps Suche nach einem „Menschen" führt ihn zu Posa

Posa stehen die Tore offen. Allerdings betrifft diese Wende nicht den politischen Bereich (etwa die Niederlande), sondern die Privatsphäre Philipps.

III,6–7: Der Audienzsaal

Die Granden im Audienzsaal

Im offiziellen Audienzsaal sind die Granden in Erwartung des Königs versammelt, unter ihnen der Admiral Medina Sidonia, der den Verlust der von ihm befehligten Armada melden muss und deshalb von allen (außer von Karlos) gemieden wird. Entgegen den Erwartungen zeigt sich der König jedoch sehr gnädig. Zwar ignoriert er Karlos, aber Alba ehrt er durch eine Auszeichnung, allerdings mit dem bedeutungsvollen Zusatz:

> „Ihr seid mein erster Feldherr – seid nie *mehr*,
> So wird euch meine Gnade niemals fehlen."
> (V. 2874 f.)

Den Untergang der Armada nimmt er gefasst als gottgewollte Fügung. (Um des Effekts dieser Audienzszene willen hat Schiller die Niederlage der spanischen Flotte gegen die Engländer, den ungeheuren Verlust von 72 Schiffen und fast 10 200 Mann, aus dem Jahre 1588 vorverlegt in das Jahr 1568.)

Philipps Erkundigung nach dem Marquis Posa

Im zweiten Teil der Audienz erkundigt sich Philipp nach jenem Marquis Posa aus seiner Notiztafel. Lerma, Alba und Feria rühmen den Marquis in uneingeschränkter Bewunderung. Das bestätigt dem König, dass es sich hier um einen ganz besonderen Menschen handeln muss: „Der Mensch besitzt den ungewöhnlichsten / Charakter oder keinen." Er bestellt Posa zu einer Privataudienz.

III,8–10: Das Kabinett des Königs

Posas Überlegungen vor der Audienz

Posa, dann König Philipp und Posa. Posa, von Herzog Alba hereingeführt, beschließt in einem Monolog, die Gunst der Vorsehung zu nutzen und seine politischen Ideen dem König vorzutragen:

> „Und wär's
> Auch eine Feuerflocke Wahrheit nur,
> In des Despoten Seele kühn geworfen –"
> (V. 2966 ff.)

Es folgt in III,10 die Begegnung des absoluten Monarchen von Gottes Gnaden mit dem Vorkämpfer für Freiheit und bürgerliche Gleichberechtigung – die große Szene, in der von Posa die zentralen politischen Ideen des Dramas entfaltet werden, mit der berühmten Forderung nach „Gedankenfreiheit".

Posa bei König Philipp

Das Gespräch beginnt mit Philipps Frage, warum der Marquis den Dank des Königs und den Staatsdienst meide. Posa weicht zunächst aus, findet dann aber, sozusagen nach der Sondierung des nicht ungefährlichen Terrains, zu einer Antwort, die sofort sehr deutlich seine (revolutionäre) politische Haltung erkennen lässt: „Ich kann nicht Fürstendiener sein" (V. 3020 und 3063). Er weigert sich, nur die „vorgewogne Tat" zu tun, er will vielmehr selbstständig denken und handeln dürfen. Es geht ihm nicht um den Beifall des Königs für gute Ausführung der Aufträge (ein Beifall, der dem Ehrgeizigen durchaus genügen würde); es geht ihm vielmehr um die Taten selbst: „Mir hat die Tugend eignen Wert" (V. 3028).

Posas Ideal von Freiheit und Gleichheit

Philipps Verdacht, Posa sei ein Protestant (V. 3063 f.), weist dieser zurück. Er hat über den Menschen und über die Majestät kritisch nachgedacht; aber er sieht auch ein:

Philipps argwöhnische Einwände

> „Das Jahrhundert
> Ist meinem Ideal nicht reif. Ich lebe
> Ein Bürger derer, welche kommen werden […]."
> (V. 3076 ff.)

Philipps zweiter Verdacht, dies sei nur eine neue Art der Gunsterschleichung – statt Zustimmung und Schmeichelei nun einmal das Gegenteil –, ist verfehlt und zeigt nur, wie niedrig der König von Menschenwürde denkt – wie niedrig er als König nach den bestehenden Umständen von Menschenwürde denken muss. Der Versuch, diesen Verdacht auszuräumen, gibt Posa Anlass zu einer Analyse der Situation des absoluten Monarchen, die genau in Philipps Seele trifft. Der durch die Umstände über alle Menschen hinausgehobene König bleibt trotz allem doch selbst noch Mensch, aber ein Mensch ohne mitfühlenden Partner; d. h. der allmächtige König ist beklagenswert, weil er allein ist.

Posas Analyse der Situation des Monarchen

Nach einer kurzen Unterbrechung setzt Posa (V. 3135 ff.) in einem zweiten Anlauf neu an. In Flandern hat er die blutige Unterdrückung der Freiheit gesehen; hofft Phi-

Posas politisches Ziel

lipp etwa, „Den allgemeinen Frühling aufzuhalten, / Der die Gestalt der Welt verjüngt?“ Was Philipp nach seinen Vorstellungen gewaltsam gestaltet hat bzw. gestalten will, wird keinen Bestand haben. Das heißt: Posa sieht im Widerspruch zu seiner vorher geäußerten Meinung, er vertrete das Ideal erst künftiger Zeiten, nun doch schon jetzt das Jahrhundert der Freiheit anbrechen, und er fordert Philipp auf, den Weg dorthin voranzugehen: „Geben Sie / Gedankenfreiheit“ (V. 3213 f.). Und lockend entwirft er das glückliche Gegenbild zu den jetzigen Zuständen:

„Geben Sie Gedankenfreiheit“

> „Weihen Sie
> Dem Glück der Völker die Regentenkraft,
> Die – ach so lang – des Thrones Größe nur
> Gewuchert hatte – stellen Sie der Menschheit
> Verlornen Adel wieder her. Der Bürger
> Sei wiederum, was er zuvor gewesen,
> Der Krone Zweck – ihn binde keine Pflicht
> Als seiner Brüder gleich ehrwürdge Rechte.“
> (V. 3237 ff.)

Ergebnis der Unterredung: Posas neue Vertrauensstellung und deren Problematik

Philipp ist zwar nicht für diese Ideen, aber für Posa gewonnen, deshalb will er es mit Gedankenfreiheit für diesen einen versuchen (sozusagen hinter seinem eigenen Rücken, denn er warnt Posa vor der Inquisition, die doch zu seinem Regierungssystem gehört). Dementsprechend ist sein konkreter Auftrag an Posa zwar für ihn zentraler, jedoch rein privater Natur: Posa soll die Wahrheit über Karlos und Elisabeth ermitteln. In diesem Rahmen wird er zum engen Vertrauten ernannt: „Der Ritter / Wird künftig ungemeldet vorgelassen“ (V. 3351 f.).
Wie einzigartig die vertrauensvolle Auszeichnung ist, die in dieser Berechtigung zu unangemeldetem, unzeremoniellem Zutritt liegt, wird aus einer späteren Bemerkung Lermas deutlich (IV,4,3537 ff.). Was Posa mit dieser Vertrauensstellung (der er sich wohl nicht entziehen kann) anzufangen gedenkt, bleibt unklar. Glaubt er, von dieser neuen Position aus seine Freiheitspläne und die von ihm angestrebte Flandern-Expedition des Freundes besser fördern zu können? Oder hofft er gar, den König noch für seine politischen Ideale gewinnen zu können?

Vierter Akt

IV,1–3: Saal bei der Königin

IV,1: Die Königin und ihre Hofdamen, darunter die Prinzessin Eboli. Die Schatulle der Königin soll, da der Schlüssel unauffindbar ist, aufgebrochen werden. Das Fehlen der von der Eboli entwendeten Briefe wird also demnächst entdeckt werden. Die Prinzessin ist nach ihrer angeblichen Krankheit (die zur Vorbereitung ihres Stelldicheins mit dem König fingiert wurde) wieder als Hofdame anwesend. Sie zittert aus schlechtem Gewissen und aus Besorgnis wegen der Konsequenzen ihrer Tat.

Posa und Elisabeth

IV,2–3: Die erste große Unterredung zwischen der Königin und Posa. Der Marquis kommt mit einem unerheblichen Auftrag des Königs, den Philipp vorgeschützt hat, um Posa zum Zweck der Überwachung den Zutritt zur Königin zu ermöglichen, und den Posa seinerseits als Vorwand benutzt, um mit Elisabeth über seine Pläne reden zu können. (Posa vertritt die anfechtbare Überzeugung, dass man jemandem – also in diesem Fall dem König – durch Unredlichkeit redlicher dienen könne, als er aufgetragen habe; V. 3410 ff.)

Posas fragwürdige Rede- und Handlungsweise

Der Königin erscheint der Marquis als Abgesandter des Königs befremdlich. Posa versucht über dies Befremden leicht hinwegzugehen, lässt sie über sein wirkliches Verhältnis zum König im Unklaren und verrät auch nichts von den Zweifeln Philipps an ihrer Treue. Schon hier legt er ein einigermaßen selbstherrliches Verhalten an den Tag, wie er es in der nächsten Szenenfolge (IV,5 f.) auch gegenüber Karlos tut: Der Betroffene braucht von den Zusammenhängen nichts zu wissen, da Posa allein alles in Ordnung bringen wird (V. 3431 ff.).

Posas Selbstherrlichkeit

Im zweiten Teil der Szene (ab V. 3441) offenbart Posa dann den eigentlichen Zweck, den er mit diesem Besuch verfolgt. Die Königin soll mit Karlos reden und ihm den Plan nahebringen, offen gegen den Vater zu rebellieren und sich an die Spitze der flandrischen Abtrünnigen zu stellen, um den König zu seinem Besten zu **zwingen**. Posa hält nach seinem Gespräch mit dem König ein Einlenken Philipps für möglich. Elisabeth lässt sich nach einigem Bedenken für den gewagten Plan begeistern.

Der Flandern-Plan

In dieser Szene löst Posa sein Versprechen aus II,15 ein, für Karlos eine erneute Begegnung mit Elisabeth vorzubereiten; jedoch verfolgt er dabei eine ganz andere Absicht, als der Prinz ahnt.

IV,4–6: Galerie

Lermas erste Warnung vor Posa

IV,4: Lermas erste Warnung. Lerma informiert Karlos warnend, dass Posa beim König in beispielloser Gunst stehe (wodurch Karlos sich vorerst nicht irritieren lässt) und dass der König rätselhaft über die Königin gesprochen habe (was Karlos bestürzt, ohne dass er jedoch Näheres von Lerma erfahren könnte).

Posa und Karlos

IV,5–6: Posa und Karlos; dann Monolog Posas. Die Warnung Lermas wirkt dann doch nach, indem Posas in der Tat merkwürdiges Benehmen bei der nächsten Begegnung mit Karlos diesen in tiefe Zweifel stürzt. Denn in dieser Szene wirkt der sonst so umsichtige Posa unerklärlich sorglos, über sein verändertes Verhältnis zum König will er kaum sprechen (seine obenhin gegebenen Antworten V. 3572–3579 grenzen hart an eine Lüge), und schließlich nimmt er – sicherheitshalber, wie er vorgibt – Karlos' Brieftasche an sich. Darin befindet sich ein Brief Elisabeths, ein Brief liebevoller Anteilnahme, den sie Karlos geschrieben hat, als er in seiner Studienzeit schwer erkrankt war. Diesen Brief (den Philipp als Beweis für Untreue missverstehen würde, den aber auch Karlos wie einen Liebesbrief werthält) will Karlos zunächst zurückbehalten, gibt ihn dann aber doch heraus. Trotz Posas zweideutigem Verhalten ringt er sich dazu durch, dem Freund zu vertrauen.

Posas seltsames Verhalten und Karlos' Zweifel am Freund

Posas Rechtfertigungsmonolog

Vor sich selbst rechtfertigt Posa dann in einem Monolog sein Vorgehen. Ohne sich offenbar der Zweideutigkeit seines Verhaltens ganz bewusst zu sein, verwirft er den Gedanken, Karlos könne dem Freund misstrauen, als beleidigend für das Ideal der Freundschaft. Ein gewisses Befremden allerdings könne er Karlos nicht ersparen, denn das Vertrauen des Königs verpflichte Posa moralisch zur Verschwiegenheit. Und außerdem vertraut Posa (wie schon vorher in der Elisabeth-Szene IV,3) darauf, dass er die Gefahr schon beseitigen werde, ohne dass der Betroffene sie überhaupt bemerke (V. 3646 ff.).

Posas Selbstherrlichkeit

IV,7–12: Kabinett des Königs

IV,7–9: Der König mit der Infantin; dann die Königin. König Philipp, ähnlich wie am Anfang des III. Akts einsam und ausweglos in einem Abgrund von Verdacht und Eifersucht verloren, betrachtet die Züge der kleinen Infantin. Er fragt sich, ob sie wirklich seine Tochter sei. Da stürmt die Königin herein und fordert den König auf, den Unbekannten ausfindig zu machen und zu bestrafen, der ihre Schatulle aufgebrochen und persönliche Briefe daraus gestohlen habe. Philipp muss nun entdecken, dass die aus der Schatulle entwendeten Karlos-Briefe aus der Zeit der Verlobung von Karlos und Elisabeth stammen und also für den Vorwurf von Treulosigkeit und Ehebruch keine Handhabe bieten. In die Enge getrieben, bekennt er sich als Auftraggeber der Tat, fordert aber im Gegenzug von Elisabeth Rechenschaft wegen ihrer Begegnung mit Karlos in Aranjuez (in der Verhör-Szene I,6 hat sie die Anwesenheit des Infanten zwar nicht direkt abgestritten, aber doch verheimlicht). Außer sich vor Eifersucht versteigt er sich zu der Beschimpfung „Buhlerin" (V. 3791). Über diese Verdächtigung und die Maßlosigkeit von Philipps Ausbruch entsetzt, bricht Elisabeth zusammen. Im Fallen verletzt sie sich leicht, blutet aber, was rasch am ganzen Hof bekannt wird.

Philipps Eifersucht

Konfrontation Philipp – Elisabeth

Zusammenbruch Elisabeths

IV,10–12: Der König mit Alba und Domingo, dann mit Posa. Durch Elisabeths Reaktion in seinem Argwohn verunsichert, bereut Philipp sein Verhalten; er schickt seine alten Räte Alba und Domingo ungnädig fort und wendet sich vertrauensvoll an Posa. Dieser übergibt dem König Karlos' Brieftasche. Das darin enthaltene Billett der Eboli an Karlos scheint die Prinzessin als Haupt einer gegen Elisabeth gerichteten Intrige zu entlarven. (Das Billett lädt Karlos zu einem Stelldichein in den Pavillon der Königin; es könnte also als Belastungsmaterial gegen diese konzipiert sein.) Posa kann den König überzeugen, dass Elisabeth zu Karlos in keiner Liebesbeziehung stehe, sondern ihn nur als Mittel politischer Konspiration benutze; dass sie überhaupt nichts aus Liebe tue, sondern nur aus politischem Ehrgeiz handle. Politische Konspiration Elisabeths aber ist für den König kein Anlass zur Besorgnis, denn auf dem Gebiet der Politik weiß er sich überlegen und sicher. Karlos' Schritte allerdings will er weiter überwachen lassen, und zwar

Posa bei Philipp: Karlos' Brieftasche

Der „Verhaftsbefehl“

durch Posa. Der bedingt sich aus, dass dann aber niemand seine Unternehmungen stören dürfe, und er erlangt, ‚für alle Fälle‘, einen geheimen „Verhaftsbefehl“ gegen Karlos.

IV,13: Galerie

Lermas zweite Warnung vor Posa

Lermas zweite Warnung. Diesmal suchen Karlos und Lerma sich gegenseitig. Karlos ist aufs Höchste beunruhigt über die Gerüchte, der König habe Elisabeth bedroht und sogar verletzt; er ist also jetzt offener für Schreckensmeldungen. Lerma fühlt sich verpflichtet, Karlos mitzuteilen, was er gerade eben (IV,12) beobachtet hat. Er hat Karlos' Brieftasche in den Händen des Königs gesehen, offenbar von Posa übergeben; und er hat gehört, dass der König Posa für die Mitteilung einer Neuigkeit gedankt hat. Hinzu kommt die außerordentliche Vertrauensstellung, die Posa beim König einnimmt und die er Karlos verschwiegen hat.

Karlos glaubt, von Posa aufgegeben zu sein

Nun muss Karlos an einen Verrat Posas glauben – Verrat nicht aus eigennützigen Motiven, sondern, wie Karlos es sich erklärt, im Interesse der Menschheit. Da sich Posa die Gelegenheit geboten habe, als einflussreicher Ratgeber des Königs die Humanitätsideen, deren Verwirklichung er sich bisher von Karlos nach dessen Regierungsantritt erhofft hatte, schon jetzt durchzusetzen, habe er diese Chance genutzt: Die Beglückung der ganzen Menschheit musste ihm wichtiger sein als das Glück eines Einzelnen, und sei dieser auch sein Freund.

Angesichts der Gefahr fasst Karlos den Entschluss, der die Katastrophe in Gang setzt: Er muss Elisabeth retten, muss sie wegen des Briefes warnen, den er Posa ausgeliefert hat und der nun, wie er glaubt, in den Händen des Königs ist. (Dass Posa die Briefe Elisabeths aus der Brieftasche genommen hat, bevor er diese dem König übergab, wie man in V,1,4538 ff. erfährt, kann Karlos nicht wissen.)

IV,14: Ein Zimmer der Königin

Intrigieren Albas und Domingos gegen Posa

Alba und Domingo bei der Königin. Die beiden Intriganten verfolgen eine neue Taktik. Sie wollen jetzt Elisabeth zu ihrem Werkzeug machen, um die neue Stellung

Posas zu erschüttern. Sie warnen die Königin vor Posa. Dieser sei es wahrscheinlich, der die Schatulle aufgebrochen habe; auch Karlos' Papiere seien ja offenbar durch ihn in die Hände des Königs gelangt. Öffentlich einstehen wollen die beiden für ihre Anzeige allerdings nicht. Die Königin weist diese unerwarteten Freunde mit Stolz und nicht ohne Ironie (V. 4031 ff.) zurück.

IV,15–17: Zimmer der Prinzessin Eboli

Karlos sucht Hilfe bei der Eboli zur Rettung der Mutter

Karlos und die Prinzessin Eboli; dann Posa mit Offizieren. Die Handlung von IV,13 wird fortgeführt. Karlos will sich Hilfe suchend der Prinzessin Eboli anvertrauen, da ihm sonst kein Freund mehr geblieben sei. Er beschwört sie bei ihrer früheren Liebe, die ihr zugefügte Kränkung zu vergessen und ihm für „zwei Worte" Zugang zu seiner Mutter zu verschaffen (was ihr als einer der Hofdamen vielleicht möglich ist).

Karlos' Verhaftung durch Posa

Doch noch ehe Karlos zu Ende geredet hat, stürzt Posa herein und versucht das Gespräch abzubrechen. Da sich Karlos jedoch nicht aufhalten lässt, macht er von dem vorsorglichen Verhaftsbefehl Gebrauch und lässt Karlos festnehmen, mit der strengen Auflage, „dass seine Hoheit niemand spreche". Er werde über sein Vorgehen dem Monarchen, dann aber vor allem auch Karlos alsbald Rechenschaft geben – eine Ankündigung, die Karlos offenbar gar nicht mehr wahrnimmt, da er durch diesen ungeheuren Treuebruch im Innersten getroffen ist.
Weil Posa nicht wissen kann, wie viel die Eboli von Karlos (über dessen Liebe zu seiner Mutter) erfahren hat, spielt er mit dem Gedanken, sie zu ermorden, besinnt sich dann aber auf „ein andres Mittel". Wie in der nächsten Szenenfolge deutlich wird, will er sich selbst opfern, um Karlos zu retten (vgl. unten S. 38 f. zu IV,21).

IV,18–21: Ein Zimmer der Königin

Schuldgeständnis der Eboli

IV,18–20: Die Königin und die Prinzessin Eboli. Die Prinzessin stürzt der Königin zu Füßen. Sie hält Karlos (den sie vielleicht immer noch liebt) für unrettbar verloren. „Zerknirscht von Reue, Scham und Selbstverachtung" wegen der Folgen ihrer Tat, fühlt sie sich getrieben, der Königin ihre Schuld zu gestehen. Elisabeth nimmt Karlos' Verhaftung zunächst nicht so ernst, da sie hört, dass es der Marquis war, der ihn gefangen nahm. Daraufhin gesteht die Prinzessin, die Schatulle aufgebrochen zu haben, wodurch sich Elisabeth nun die Eifersucht Philipps erklären kann. Die Königin verzeiht der Eboli diese Schuld: „Sie liebten ihn – ich habe schon vergeben" (V. 4180). Nicht vergeben kann Elisabeth jedoch die ehebrecherische Beziehung zu Philipp. Sie verstößt die Eboli und verbannt sie in ein Kloster, ohne ihr noch ein Wort zu gewähren.

Posas Abschied von Elisabeth

IV,21: Die zweite große Unterredung zwischen der Königin und Posa. Posa erklärt, sein verwegenes Spiel verloren zu haben und dem Tode geweiht zu sein. Karlos oder er – einer sei verloren, und er, Posa, habe beschlossen, sich für den Freund zu opfern und Karlos' Flucht zu ermöglichen. In die Hände der Königin legt er nun sein Vermächtnis an Karlos: Das „Menschenglück" ist auf Karlos' Seele gelegt; er soll „das kühne Traumbild eines neuen Staates" verwirklichen (V. 4278 f.). Zu diesem Zweck opfert sich Posa für ihn, zu diesem Zweck hat er schon lange Karlos' Liebe zu Elisabeth genährt, die er von Anfang an eingeplant hat als eine psychische Kraft, die sich zu reiner Menschenliebe veredeln ließe. Auf die Herzen, d. h. auf die einzelnen Menschen (z. B. Elisabeth) und deren Gefühle, habe er dabei keine Rücksicht genommen, hält ihm die Königin vor, die zwar seinen Willen erfüllen will, Posas Selbstopferung jedoch kritisiert.

Posas Vermächtnis an Karlos

> „Sie stürzten sich in diese Tat, die Sie
> Erhaben nennen. Leugnen Sie nur nicht.
> Ich kenne Sie, Sie haben längst darnach
> Gedürstet – Mögen tausend Herzen brechen,
> Was kümmert Sies, wenn sich Ihr Stolz nur weidet.
> O, jetzt – jetzt lern ich Sie verstehn! Sie haben
> Nur um Bewunderung gebuhlt [...]."
>
> (V. 4384 ff.)

Die Zusammenhänge von Posas Handeln im IV. Akt

Posas Handeln in der Szenenfolge IV,16–21 ist von folgenden Überlegungen bestimmt: Karlos kann der Prinzessin Eboli durch sein leichtsinniges Vertrauen neue Beweise seiner Liebe zu Elisabeth geliefert haben oder, wenn man ihn nicht gewaltsam hindert, noch liefern. Posa weiß ja nicht, wie viel Karlos der Prinzessin schon gesagt hat, und er weiß nichts von deren Gesinnungs-

wandel. Nach seiner (irrigen) Einschätzung wird die Intrigantin, nachdem sie durch Posas Gegenaktion (in IV,12) einstweilen lahmgelegt ist, baldmöglichst eine neue Intrige ins Werk setzen und dazu die neuen Beweismittel benutzen, die ihr Karlos möglicherweise in die Hand gibt. Nachdem Posa den Infanten aber verhaftet hat, muss er über diese Maßnahme alsbald dem König Rechenschaft ablegen, und dazu müsste er Karlos durch irgendeine Anschuldigung belasten. Das ist natürlich für den Freund undenkbar. Außerdem würde jeder Versuch, dem König Posas Vorgehen zu begründen, den Flandern-Plan zum Scheitern verurteilen. Deshalb entschließt er sich, sich selbst zu opfern und damit jede andere Aktion so lange aufzuhalten, bis Karlos geflüchtet ist.
Vielen Interpreten des Stücks scheint dieser Sachzusammenhang jedoch nicht zwingend, sodass sie eher Elisabeths These von Posas mutwilliger Selbstaufopferung zuneigen.

IV,22–24: Vorzimmer des Königs

Ungewissheit am Hof nach der Verhaftung des Infanten

Alba und Domingo; Lerma; der Oberpostmeister Taxis; verschiedene Granden; zuletzt die Prinzessin Eboli. Die Granden warten im Vorzimmer des Königs, in furchtsamer Spannung, da man für die Verhaftung des Infanten bislang keine Erklärung hat. Posa hat sich noch nicht blicken lassen, und niemand anders erhält Zutritt zum Monarchen. Dann erscheint der Oberpostmeister mit einem Brief, den Posa an Wilhelm von Oranien, den Führer der aufständischen Niederlande, geschrieben hat. Mit diesem Brief macht Posa sich absichtlich verdächtig – weiß er doch von Karlos, dass alle Briefe in die Niederlande kontrolliert werden (II,15,2465 f.) und allein schon der Briefkontakt ausreicht, ihn zum Verräter zu stempeln. Taxis wird zum König vorgelassen.

Posas fingierter ‚Verrats-Brief'

Während die Granden im Vorsaal immer ungeduldiger gegen die ungesetzliche Verhaftung des Infanten protestieren, hat drinnen der Brief auf Philipp gewirkt. Alba wird hereingerufen: Posa ist, falls er kommen sollte, der Zutritt zum König verwehrt. Die früheren Machtverhältnisse sind wieder hergestellt. Und Lerma meldet den zutiefst bestürzten Anwesenden: „Der König hat geweint" (V. 4463 f.) – Ausdruck tiefster Enttäuschung über den

„Der König hat geweint"

Verrat Posas, des einzigen Menschen, dem er seine Seele geöffnet hat.
In diesem Moment stürzt die Prinzessin Eboli herein, um den König über die Intrige aufzuklären, jedoch sie kommt zu spät. Triumphierend tritt Alba aus dem Kabinett des Königs und verkündet, zu Domingo gewandt: „Der Sieg ist unser."

Fünfter Akt

V,1–7: Ein Zimmer im königlichen Palast, mit eiserner Gittertür

Posas Besuch bei Karlos im Gefängnis

V,1–3: Karlos und Posa; dazwischen ein Auftritt Albas. Endlich erscheint Posa in Karlos' Gefängnis, um den Freund über sein Vorgehen aufzuklären. Karlos hat sich indessen selbst eine Erklärung zurechtgelegt. Er glaubt, dass Posa ihn, wenn auch schweren Herzens, im Interesse seiner Idee aufgegeben hat, um selbst den Spaniern „die goldnen Tage" zu schenken, da Karlos' Initiative durch die unglückliche Liebe ganz dahingeschwunden ist. Man möchte den Ton, den Karlos anschlägt, für bittere Ironie halten; es ist ihm aber wohl ernst: Er findet Posas Entscheidung, wie er sie sich zurechtlegt, „nicht verdammlich" (V. 4517). Allenfalls die Gefährdung Elisabeths erscheint ihm hart, wenn auch aus Posas Sicht verständlich. Das Missverständnis klärt sich erst auf, als Posa Karlos die gefährlichen Briefe zurückgibt (die er natürlich aus Karlos' Brieftasche genommen hatte, bevor er diese dem König aushändigte).

Karlos' Interpretation der Vorgänge

Alba mit der Mitteilung von Karlos' Begnadigung

Die Aussprache wird durch Alba unterbrochen, der – während der ganzen Szene den Marquis strikt ignorierend – im Auftrag des Königs dem Infanten die Freiheit zurückgibt. Die Verhaftung sei durch einen Betrüger verursacht worden. Karlos weigert sich, die Freiheit von Alba entgegenzunehmen; er verlangt das persönliche Erscheinen des Königs.

Posas Auskunft über die Zusammenhänge

Posa informiert nun den durch den Auftritt Albas noch mehr verwirrten Freund über den gesamten Ablauf der Ereignisse, die Posa gezwungen haben, zum Schein Karlos' Feind zu werden, um ihm dadurch nur „kräftiger zu dienen". Karlos von seinen Plänen nichts gesagt zu haben, rechnet Posa sich jetzt als Schuld an, macht aber Karlos indirekt den Vorwurf, dass seine Freundschaft nicht stark genug gewesen sei (V. 4638 ff.). Schließlich setzt Posa den Freund über seinen Brief an Wilhelm von Oranien in Kenntnis, mit dem er seinen Sturz und das Todesurteil über sich herbeigeführt hat. Während Karlos noch hoffnungsvoll davon spricht, den König durch dieses Beispiel todesverachtender Freundschaft rühren zu können, wird Posa durch einen Schuss hinterrücks getötet.

Posas Ermordung

V,4–5: Karlos – der König mit seinen Granden. Der König kommt, wie von Karlos gewünscht, mit allen Großen seines Reichs, um dem Infanten die Freiheit wiederzugeben. Doch Karlos, neben Posas Leiche, stößt ihn zurück (wobei – eher versehentlich – das Schwert gezückt wird). Er beschuldigt seinen Vater vor dem gesamten Hofstaat öffentlich des Mordes und versucht ihn zu beschämen, indem er ihm die wahre Gestalt Posas zeichnet. Er sei ein Vorkämpfer für die Freiheit gewesen, allen überlegen; auch der König sei nur ein Werkzeug in seiner Hand gewesen. Während der König „mit seiner Achtung großgetan" habe, sei Posa in Wahrheit Karlos' Freund und Bruder gewesen – ein Freund, der für die Rettung des Freundes sein Leben hingegeben habe. So reich sei Posas Herz und Geist gewesen, dass er vielleicht sogar noch den König hätte glücklich machen können, wenn der nicht so sinnlos gemordet hätte.

Karlos' Konfrontation mit dem König

Karlos' Bekenntnis zu dem ermordeten Freund

Nach dem ideellen Sieg, den Karlos mit dieser Rede errungen hat, unterwirft er sich der Gerichtsbarkeit des Königs: soll der doch nun auch ihn ermorden (V. 4840 ff.). (Damit verstößt er freilich gegen den Auftrag, den Posa ihm als Vermächtnis hinterlassen hat, und macht eigentlich erst dadurch den Tod Posas wirklich sinnlos.) Während der König und alle Anwesenden noch wie erstarrt dastehen, wird die Meldung überbracht, dass sich in der Stadt eine Rebellion zur Befreiung des Infanten ausbreite. Der König wütet gegen seine Granden, die er beschuldigt, von ihm zu dem „Knaben" abfallen zu wollen. Während Philipp ohnmächtig „zu Bette" gebracht wird, übernimmt Alba die Initiative: er will „Madrid den Frieden" geben.

Lähmung und Entsetzen des Gefolges

V,6–7: Karlos und Mercado; dann Karlos und Lerma. Allein zurückgeblieben, erhält Karlos von der Königin

Vorbereitungen zu einem letzten Treffen Karlos – Elisabeth

durch deren Leibarzt Mercado die Einladung zu einem Gespräch. Sie will ihm den Auftrag Posas ausrichten. Karlos soll sich in den streng bewachten Palastflügel einschleichen, indem er, als Geist Karls V. verkleidet, um Mitternacht die abergläubisch-ängstlichen Wachen passiert.

Die Huldigung Lermas

In der letzten Szene dieser Szenenfolge warnt der treue Lerma Karlos vor einem Anschlag des Königs, der gegen ihn rase. Die Königin habe den Aufruhr entfacht, um Karlos Gelegenheit zur Flucht zu geben. Schließlich huldigt Lerma, von der Szene an der Leiche Posas zutiefst beeindruckt, dem Infanten als dem König seiner glücklicheren Kinder.

V,8 – 10: Vorzimmer des Königs

Alba entdeckt Posas Verratspläne

V,8: Alba und Herzog Feria. Alba hat einen Kartäusermönch verhaftet und dadurch von den gesamten Planungen Posas für Karlos' Flucht und von Posas detailliertem Entwurf für einen Befreiungskrieg der Niederlande gegen Spanien Kenntnis erlangt (der Entwurf sei „teuflisch, aber wahrlich – göttlich", muss Alba anerkennen). Karlos' Flucht ist also offensichtlich vereitelt, aber nicht durch sein Verhalten in V,4, sondern durch äußere Zufälle.

Philipps Auseinandersetzung mit dem toten Posa

V,9: König Philipp und seine Granden. In einer monologartigen Auseinandersetzung mit dem Geschehenen bereut Philipp die Ermordung Posas: „Dass er noch lebte! / Ich gäb ein Indien dafür". Er kommt nicht darüber hinweg, dass der einzige „Mensch", der einzige freie Mann dieses Jahrhunderts ihm mit seinem Tod die Achtung versagt hat:

> „Ein Geist,
> *Ein* freier Mann stand auf in diesem ganzen
> Jahrhundert – Einer – Er verachtet mich
> Und stirbt."
>
> (V. 5041 ff.)

Und Philipp analysiert Posas Motive. Nicht für Karlos sei Posa gestorben, sondern für seine Freiheitsideen; nicht dem Philipp habe er den Karlos vorgezogen, sondern dem Greis den Jüngling, der mehr Zeit haben würde, das Neue durchzusetzen.

Aus dieser tiefen „Gemütsbewegung“, diesem „wachen Traume“ rafft sich der König dann zu bösartig-energischem Handeln auf. Posa soll sich „verrechnet haben“:

Philipps Entschluss zu grausamer Rache

> „Er brachte
> Der Menschheit, seinem Götzen, mich zum Opfer;
> Die Menschheit büße mir für ihn!“
> (V. 5084 ff.)

Furchtbar will Philipp wüten, und mit Karlos, mit Posas „Puppe“, wird er anfangen.
Erst jetzt wird Albas Meldung gebührend gewürdigt. Nachdem Philipp die beschlagnahmten Pläne Posas durchgesehen hat, lässt er den Inquisitor Kardinal zu sich bitten, um sich mit ihm über das Schicksal des hochverräterischen Infanten zu beraten. Zugleich wird das Auftreten des Geistes in den Räumen der Königin gemeldet; der König ist „lüstern, ein Wort mit diesem Geist zu reden“.

V,10: Unterredung zwischen König Philipp und dem Großinquisitor. Philipp will sich nur Rat über das Vorgehen gegen den Infanten holen, doch das Gespräch beginnt zunächst als Zurechtweisung des Königs wegen seines „Rückfall[s] in die Sterblichkeit“. Der Großinquisitor zeigt sich dabei als der eigentliche ideologische Gegner von Posas aufklärerischen Idealen. Es stellt sich heraus, dass die Inquisition seit langem alles über Posa gewusst hat, und der wohl überlegte Plan war, ihn so lange gewähren zu lassen, bis man in seiner Person die „prahlende Vernunft“, die frevelhaften Ideen von aufgeklärt-humanitärer „Weltverbessrung“ feierlich und exemplarisch würde hinrichten können. Nun aber sei Posa nicht öffentlich abschreckend gerichtet, sondern ruhmlos und freventlich ermordet worden. Und zwar ermordet durch einen König, der dabei seine ganze bisherige vorbildhafte Regentenlaufbahn „gelästert“ habe. Der Großinquisitor geht hart ins Gericht mit Philipp. Der habe seinen Pflichten entfliehen wollen, indem er Posa zu seinem Vertrauten wählte, weil er in verwerflicher Schwäche Verlangen hatte „nach einem Menschen“, und zwar so sehr, dass er sich zum Hehler erniedrigte und hinter dem Rücken der Inquisition mit den schlimmsten Feinden paktierte. Es sei aber unzulässig, einem Einzigen zu gewähren, wofür man Hunderttausende hinge-

Die Großinquisitor-Szene

Die Inquisition als ideologischer Widerpart zu Posas Aufklärungsideal

Verurteilung von Philipps Rückfall in die Menschlichkeit

richtet habe. Der Monarch erfülle nur dann seine gottgewollte Aufgabe, wenn er ganz außerhalb stehe, über allen menschlichen Bedürfnissen.

Nun wird klar, dass es zum wohl bedachten Bestrafungsplan der Inquisition gehörte, dass sie den König „blindlings“ seine falsche Wahl hat treffen lassen und dass sie zugesehen hat, wie er aus Leidenschaft mordete. Der König sollte dafür büßen, dass er der Inquisition entfliehen, „des Ordens schwere Ketten“ abschütteln und „frei und einzig sein“ wollte.

Forderung des Großinquisitors: Philipp muss den eigenen Sohn töten

Philipp beugt sich dem Großinquisitor, bereut seine menschliche Schwäche und darf nun (ab V. 5256) Rat holen wegen der Behandlung des rebellierenden Infanten. Darf er den eigenen Sohn töten? Der Großinquisitor rechtfertigt hart und uneingeschränkt die Hinrichtung des Sohnes durch den Vater. Auf Philipps Einwand, dass dadurch ungewiss werde, für wen Philipp sein Glaubensreich geordnet und zusammengehalten habe, antwortet der Großinquisitor in grausamer ideologischer Starrheit: „Der Verwesung lieber als / Der Freiheit“ (V. 5277 f.).

Gemeinsam mit dem Großinquisitor begibt sich der König nun zu den Gemächern der Königin, um ihm das Opfer auszuliefern.

V,11: Zimmer der Königin

Karlos' Abschied von Elisabeth

Karlos und die Königin; am Schluss der König mit Gefolge. Bei der Königin ist unterdessen Karlos zu seiner Abschiedsunterredung eingetroffen. Elisabeth fordert von ihm, den Auftrag Posas auszuführen. Karlos versichert ihr, das Vermächtnis des Freundes getreulich übernehmen zu wollen: „Über seiner Asche blühe / Ein Paradies!“ Seine Liebe zu Elisabeth ist jetzt ganz von niederer Leidenschaft befreit und zur Liebe der ganzen Menschheit ‚geläutert‘; Posas Erziehungsplan hat Erfolg gehabt.

Karlos' innere Vervollkommnung

Karlos' Untergang

Von nun an will Karlos Philipp öffentlich entgegentreten: „Ich eile, mein bedrängtes Volk / Zu retten von Tyrannenhand.“ In diesem Augenblick greift der König ein und lässt Karlos verhaften: „Kardinal! Ich habe / Das Meinige getan. Tun Sie das Ihre!“

Thematische Aspekte

Familientragödie und politisches Drama

Themenvielfalt des Stücks

Schillers *Don Karlos* hat mehrere Themen, die an verschiedenen Stellen des Dramas unterschiedlich stark hervortreten. Deutlich sind Züge einer Familientragödie zu erkennen, und von einem „Familiengemälde in einem fürstlichen Hause“ spricht Schiller auch in einer frühen Äußerung zu seinem Stück (1784).
Jedoch ist die politische Thematik des Freiheitsgedankens von Anfang an unübersehbar, und sie wird im Verlauf des Geschehens immer wichtiger. Es gehört ebenfalls schon zu Schillers ursprünglichen Plänen (1783), „in der Darstellung der Inquisition die prostituierte [d. h. misshandelte] Menschheit zu rächen“. Man sollte das Nebeneinander von privater und politischer Thematik deshalb nicht einfach als einen durch die lange Entstehungsdauer des Stücks bedingten Bruch in der Konzeption erklären. Schiller hat offenbar beabsichtigt, das Schicksal des Einzelnen und das Ringen um Ideen als ineinander verschlungen darzustellen. Jedenfalls bewegen sich auch die Einzelthemen zwischen diesen beiden Polen, und zwar so, dass sie zunächst als private Motive eingeführt werden und dann immer deutlicher ihre politische Bedeutsamkeit enthüllen:

Verflechtung von Schicksal des Einzelnen und Ringen um Ideen

Familien-Problematik		**Politische Problematik**
Karlos' Liebe zu Elisabeth	→	wird zum Engagement für die Freiheitsidee
Freundschaftsideal	→	wird in den Dienst der Freiheitsidee gestellt
Vater-Sohn-Konflikt	→	erweist sich als Teil des Gegensatzes zwischen alter und neuer Zeit
Philipps menschliche Problematik: erscheint zunächst privat als Eifersucht	→	erweist sich später als grundsätzliche Vereinsamung des absoluten Herrschers

Liebe und deren Sublimierung

Karlos im Konflikt zwischen Liebe und Ideal

Karlos steht in einem Konflikt zwischen seiner Liebe zu Elisabeth und seinem Ideal des Engagements für Humanität und Menschenglück:

> „Es ist der von dem Dichter so oft behandelte […] Kampf zwischen Neigung und Pflicht, in dem Karlos lernt, die Neigung der Pflicht unterzuordnen, ein Kampf, der ihn von egoistischer Leidenschaft zu altruistischer Erhabenheit, vom Ausleben der Persönlichkeit zum Aufgehen ins Allgemeine, von überschäumender, in die Irre gehender Jugendlichkeit zu reifer, zielsicherer Männlichkeit leitet.“ (R. Weißenfels, Säkular-Ausgabe [1905], S. xxxiv)

Karlos' Entwicklung im I. Akt: Vom individuellen Glücksstreben zum Humanitätsideal

Bei der ersten Begegnung der Freunde Karlos und Posa (I,2) wird der Konflikt deutlich herausgearbeitet. Auf der einen Seite steht das Verlangen nach individuellem Glück, nämlich Karlos' Liebe zu Elisabeth; auf der anderen Seite stehen, von Posa in Erinnerung gebracht, die Vorstellungen von einem Einsatz für das Glück der ganzen Menschheit, die Forderungen der Humanitätsidee, zu der sich die Freunde früher gemeinsam bekannt haben.
Das Treffen zwischen Karlos und Elisabeth (I,5) wiederholt diese Konfrontation, indem Elisabeth den fehlgehenden Gefühlen des Prinzen die Forderungen der Sittlichkeit entgegensetzt und ihn auffordert, seine Liebe seinem künftigen Reich zuzuwenden:

> „Die Liebe,
> Das Herz, das Sie verschwenderisch mir opfern,
> Gehört den Reichen an, die Sie dereinst
> Regieren sollen. […]
> Die Liebe ist Ihr großes Amt. Bis jetzt
> Verirrte sie zur Mutter. – Bringen Sie,
> O, bringen Sie sie Ihren künftigen Reichen
> […].
> Elisabeth
> War Ihre erste Liebe. Ihre zweite
> Sei Spanien! Wie gerne, guter Karl,
> Will ich der besseren Geliebten weichen!“
> (V. 781 ff.)

Elisabeth verlangt also, dass Karlos seine Liebe vom nur Persönlichen abkehrt und sie einem Höheren, Überpersönlichen zuwendet (sie spricht von Karlos' „Reichen“,

Posa würde von der „ganzen Menschheit“ sprechen). Karlos soll die ganze Kraft seiner Liebe beibehalten, aber er soll ihr ein besseres Ziel suchen. Diese hier geforderte Übertragung der Liebe vom Persönlichen auf ein ‚idealeres‘ Allgemeines kann man als Idealisierung oder (mit einem Ausdruck der Psychoanalyse) als Sublimierung der Liebe bezeichnen.

Der Begriff der Sublimierung (Idealisierung)

Am Ende des Akts, bei der zweiten Begegnung mit Posa (I,7–9), ist Karlos durch die Mahnungen des Freundes und der Geliebten so weit für diese Idealisierung seiner Liebe gewonnen, dass er sich zu tatkräftigem Handeln für Flandern entschließt (Flandern ist der Teil seiner „Reiche“, für den er in diesem Augenblick etwas tun kann) und dass er an eine Art seiner künftigen Regentschaft denkt, mit der er seine Reiche wird glücklich machen können.

Der Rückschlag im II. Akt

Doch nachdem Karlos am Ende des ersten Akts seine Wünsche nach individuellem Glück zugunsten des Glücks der Allgemeinheit schon aufgeben will, erfolgt im zweiten Akt ein Rückschlag. Dass Karlos glauben kann, die Einladung zu einem Rendezvous komme von der Königin (II,4), ist nach der Aussprache mit Elisabeth eine erstaunliche Verirrung des Gefühls und nach dem bereits erreichten Grad der Läuterung ein Rückfall, der nur durch Karlos' tiefe Erschütterung in der vorangegangenen Auseinandersetzung mit dem Vater verständlich wird. Dieselbe Gefühlsverwirrung, die unbedachte Egozentrik des wieder blind Verliebten führt in der Eboli-Szene zu dem Missverständnis, das die katastrophalen Verwicklungen zur Folge hat. Neues Erwachen der Leidenschaft verbindet sich mit erstaunlicher Verblendung und endet in verwerflicher Eigensucht, wenn Karlos glaubt, Philipps Ehebruch berechtige nun auch ihn zum Durchbrechen aller Schranken der Sittlichkeit. Der Rückfall in die Eigensucht beschert Karlos Konflikte mit den eigensüchtigen Interessen anderer: Durch die Unbedachtheit seiner verblendeten Liebe zieht er sich die Feindschaft des Herzogs Alba und der Prinzessin Eboli zu (II,5 f., 9–12). Der Schluss des zweiten Akts bringt jedoch in einem neuen Treffen zwischen Karlos und Posa (II,15) die Korrektur durch den Freund. Posa zerreißt den Brief Philipps an die Eboli, den Karlos erpresserisch missbrauchen will. Und am Schluss der Szene sieht er

Katastrophale Entwicklungen infolge der verblendeten Liebe

Zurechtweisung des blind Verliebten durch Posa

den Freund so weit geläutert, dass er eine zweite Begegnung zwischen Elisabeth und Karlos glaubt herbeiführen zu sollen – nicht, wie Karlos es sich gedacht hatte, als Begegnung mit der nunmehr freien Geliebten, sondern als eine weitere Stufe in der Erziehung des Prinzen zur Freiheitsidee.

Die Ankündigung einer zweiten Begegnung zwischen Karlos und Elisabeth weist weit voraus, bis zur Schlussszene des Dramas; und tatsächlich spielt das Liebesthema in den dazwischenliegenden Akten kaum eine Rolle. In der Schlussszene V,11 allerdings erlangt es wieder größte Bedeutung und findet seine Erfüllung. Hier erweist sich, kurz vor dem – erst dadurch tragischen – Ende, Karlos' endgültige Läuterung: „Keine sterbliche Begierde / Teilt diesen Busen mehr. [...] Mutter, endlich seh ich ein, / Es gibt ein höher, wünschenswerter Gut, / Als dich besitzen." Er will das Vermächtnis Posas übernehmen und für die Freiheit kämpfen; die Liebe zu Elisabeth ist von niedriger Begehrlichkeit befreit und idealisiert zur Liebe der Menschheit: „Treten Sie in Ihre Pflichten / Zurück – Ich eile, mein bedrängtes Volk / Zu retten von Tyrannenhand."

Karlos' Vollendung im Augenblick des Scheiterns

Freundschaft

Freundschaftskult im 18. Jahrhundert

Eine leidenschaftliche Freundschaft wie die zwischen Karlos und Posa ist für die Entstehungszeit des Dramas *Don Karlos* nichts Außergewöhnliches. Das 18. Jahrhundert ist eine Epoche der Freundschaft, vielfach geradezu des Freundschaftskults.

Die Freundschaft Posa – Karlos

Eine Atmosphäre schwärmerischer Freundschaft herrscht auch in *Don Karlos*. Nun hat allerdings Schiller selbst im dritten seiner *Briefe über Don Carlos* erklärt, dass die Beziehung zwischen Karlos und Posa **nicht** Freundschaft im eigentlichen Sinne sei; d. h. dass es sich hier nicht um die leidenschaftliche und schwärmerische Harmonie zweier Seelen handle, da deren wesentliche Bedingung die Gleichheit wäre. Und in der Tat hat diese Freundschaft Züge eines Lehrer-Schüler-Verhältnisses. Posa überragt sozusagen den Prinzen, insofern er Freund und erziehender Führer zugleich ist; Karlos bedarf der Zuwendung, der Hilfe und des Rates des erfahreneren Freundes.

Die pädagogische Komponente der Freundschaft

Beim ersten Zusammentreffen von Karlos und Posa in I,2 braucht Karlos den Beistand des Freundes angesichts der Ausweglosigkeit seiner unseligen Liebe. Er ruft den Freund um Hilfe an, indem er ihn an die Kindheit erinnert, als sie den Freundschaftsbund geschlossen haben. Damals sah Karlos in der von ihm leidenschaftlich erstrebten Freundschaft Posas ein Zeichen der Gleichheit und Brüderlichkeit, nach der es ihn zutiefst verlangte, da ihm seine Isolation als Königssohn unerträglich war.

Karlos' Bedürfnis nach Freundschaft

Beim zweiten Treffen der Freunde in I,9 besiegelt das brüderliche Du, um das Karlos den Freund bittet, den Entschluss, sich nun wieder gemeinsam mit diesem in den Dienst der Ideale der Gleichheit und Humanität zu stellen; die Freundschaft Posas soll den künftigen Monarchen vor allen Rückfällen, vor allen Bedrohungen des Despotismus bewahren.

Bedeutung des brüderlichen Du

Von Karlos aus gesehen steht diese Freundschaft also deutlich im Zeichen der gemeinsam erstrebten Ideale, ist aber sehr stark auch persönliches Bedürfnis und wird als persönliches Glück erfahren. Für Posa aber ist seine Beziehung zu Karlos von Anfang an ein Mittel, das für die Verwirklichung der Humanitätsidee eingesetzt werden soll:

Karlos' Aspekt: Freundschaft ist primär persönliches Glück

Posas Aspekt: Freundschaft ist primär Mittel zur Verwirklichung der Humanitätsidee

> „Nicht als des Knaben Karlos Spielgeselle –
> Ein Abgeordneter der ganzen Menschheit
> Umarm ich Sie […].“
>
> (I,2,156 ff.)

Seine Freundschaft ist demnach besonnener und weniger schwärmerisch, gewissermaßen kälter. Andererseits allerdings sagt Schiller im vierten seiner *Briefe über Don Carlos*:

> „Daß er das Menschengeschlecht mehr liebt als Karln, tut seiner Freundschaft für ihn keinen Eintrag. Immer würde er ihn, hätte ihn auch das Schicksal auf keinen Thron gerufen, durch eine besondere zärtliche Bekümmernis vor allen übrigen unterschieden haben […]. Der Gegenstand seiner Liebe [gemeint ist ‚das Ideal von Menschenglück', s. u.] zeigt sich ihm im vollesten Lichte der Begeisterung; herrlich und verklärt steht dieses Bild vor seiner Seele, wie die Gestalt einer Geliebten. Da es Carlos ist, der dieses Ideal von Menschenglück wirklich machen soll, so trägt er es auf ihn über, so faßt er zuletzt beides in einem Gefühl unzertrennlich zusammen.“

Man hat also bei den beiden Freunden die Akzente gerade entgegengesetzt zu verteilen:

- Für Karlos ist die Freundschaft primär eine Seelenharmonie, steht aber dabei auch im Dienste der Idee;
- für Posa steht sie primär im Dienste des Ideals von Menschenglück, gründet sich aber auf eine Seelenharmonie.

Die Freundschaftstragödie als Folge von Missverständnissen

Dieser Unterschied der Akzentsetzung führt im IV. Akt zu der Freundschaftstragödie. Es ist eine Tragödie des Missverstehens. Da Posa seine Freunde über seine neue Vertrauensstellung beim König im Unklaren lässt, erscheint sein Verhalten befremdlich und zweideutig und stürzt auch Karlos in Zweifel (IV,5). Als dieser dann zugleich mit dem Gerücht vom Zusammenstoß zwischen König und Königin, das ihn in äußerste Furcht um die geliebte Mutter versetzt, die zweite Lerma-Warnung erhält (IV,13), zerbricht sein Glaube an den Freund. Nicht allerdings so (wie Posa es auch in seinem Monolog IV,6 für unmöglich erklärt hat), dass er dem Freund Verrat aus niederen Motiven zutraute, d.h. aus Eigennutz und Machtgier. Er legt sich vielmehr zurecht, dass Posa in Philipp die größeren Möglichkeiten zur Verbesserung der Verhältnisse gesehen und deshalb den Freund dem Glück von Millionen geopfert habe (V. 3963 ff.), dass er die Humanitätsidee über die Freundschaft gestellt habe.

Die letzte Begegnung der Freunde

Bei der letzten Begegnung der Freunde (V,1 und 3) wiederholt Karlos zwar seine Einschätzung aus IV,13, dass es „nicht verdammlich" sei, wenn Posa die Menschheit dem Freund vorgezogen habe; aber er konstatiert diese Zurücksetzung seiner Person hinter die Idee doch mit unüberhörbarer Bitterkeit. Als er dann die tatsächlichen Zusammenhänge erfährt, nämlich dass Posa alles getan hat, um den Freund zu retten, und dass er sich sogar für ihn opfern will – als er also zu hören meint, dass dem Freund der Freund doch genauso wichtig ist wie die Durchsetzung seiner Ideen, da glaubt er in schwärmerischer Begeisterung, durch dies Idealbild einer Freundschaft sogar den despotischen König rühren zu können.

Karlos' neue Begeisterung für das Freundschaftsideal

Doch in demselben Moment, in dem Karlos darauf hofft, durch das Freundschaftsideal Philipps Menschlichkeit wecken zu können, lässt dieser den Marquis liquidieren. Der tragische Ausgang und der Tod Posas wird durch eine Verkettung unglücklicher Umstände und Missverständnisse verursacht (und auch durch das selbstherrliche Handeln Posas, das zum Charakterbild dieser Figur gehört). Letzten Endes aber hat diese Ereignisfolge ihre eigentliche Ursache in der unterschiedlichen Konzeption von Freundschaft, die Karlos und Posa haben. Posa geht es in dieser Freundschaft um Karlos als den Hoffnungsträger, der die Humanitätsidee verwirklichen kann und soll. Dabei ist ihm Karlos in dieser Funktion wohl wichtiger als in seiner Individualität; insofern vergisst Posa über seiner „weltklugen Sorgfalt" Karlos' „Herz" (V. 4524 f.). Denn Karlos' Gefühl erwartet die unmittelbare persönliche Zuneigung und gibt sich nicht damit zufrieden, gemeinsam mit Posa derselben Idee zu dienen.

Unterschiedliche Konzeption von Freundschaft als Ursache des Missverständnisses

Diese Diskrepanz zwischen den Zielen der Freunde zeigt sich auch noch einmal in der großen Auseinandersetzung zwischen Karlos und Philipp nach Posas Ermordung (V,4). Posa hat in seinem letzten Gespräch mit Elisabeth (IV,21) seine Hoffnung und sein Vermächtnis an Karlos formuliert. Der Prinz soll „das kühne Traumbild eines neuen Staates, / der Freundschaft göttliche Geburt" wahr machen. Zu diesem Zweck hat sich Posa für ihn geopfert. Dasselbe sagen auch die letzten Worte Posas an Karlos: „Rette dich für Flandern! / Das Königreich ist dein Beruf. Für dich / Zu sterben war der meinige" (V. 4716 ff.).

Karlos' Auseinandersetzung mit Philipp im V. Akt

Karlos aber, anstatt an seine Rettung zu denken, sucht in der großen Szene an Posas Leiche die Konfrontation. Er beschuldigt den König öffentlich des Mordes und sagt ihm, wer Posa wirklich war: Karlos' Freund, ein Kämpfer für die Freiheit, für den der König nur ein Werkzeug war. Diese Aufklärung würde das Vermächtnis des Freundes zunichte machen, wenn es nicht durch Albas Entdeckungen in V,8 sowieso scheitern würde; sie rehabilitiert aber den Freund, setzt Karlos' Anspruch auf die Person des Freundes durch und vernichtet Philipp.

Karlos rettet das Ansehen des Freundes – auf Kosten der Idee

Freiheit und Brüderlichkeit

Das Ziel, dem die Freunde Karlos und Posa (und, weniger aktiv, auch Elisabeth) zustreben, ist ein neues Zeitalter der Menschlichkeit, in dem durch die Ideale der Freiheit und der Gleichheit unnatürliche Zwänge, menschenun-

Ziel: Ein neues Zeitalter der Menschlichkeit

würdige und unmenschliche Konventionen und Herrschaftsstrukturen überwunden werden.

Das Gedankengut der Aufklärung

Was Schiller damit in seinem 1783–87 entstandenen Drama verkünden lässt, sind die Ideen der europäischen, vor allem französischen Aufklärung des 18. Jahrhunderts; für die Zeit König Philipps sind diese Ideen anachronistisch. Die Gedanken, die u.a. von Montesquieu (*Vom Geist der Gesetze*, 1748), Jean-Jacques Rousseau (*Der Gesellschaftsvertrag*, 1762) und Voltaire entwickelt wurden, haben z.B. in der Verkündung der Menschenrechte in der amerikanischen Unabhängigkeitserklärung von 1776 eine einprägsame Formulierung gefunden:

> „Wir halten folgende Wahrheiten für unmittelbar einleuchtend: daß alle Menschen gleich geschaffen sind, daß sie von ihrem Schöpfer mit gewissen unveräußerlichen Rechten ausgestattet sind, dass dazu Leben, Freiheit und das Streben nach Glück gehören."

Vernunft statt Tradition und unreflektierter Autorität

Die Parole der Französischen Revolution von 1789, „Freiheit – Gleichheit – Brüderlichkeit", meint dasselbe. Es geht um die Befreiung von Autoritäten, Konventionen und Normen, die nur auf Tradition beruhen und nicht vernunftgemäß begründet werden können. Zugrunde liegt dieser Forderung die Überzeugung von der Fähigkeit des Menschen, mit Hilfe der Vernunft seine Situation im Sinne des Fortschritts verändern zu können. Diese Überzeugung formuliert beispielsweise Immanuel Kant in den bekannten Eingangssätzen seiner *Beantwortung der Frage: Was ist Aufklärung?* von 1784:

> „Aufklärung ist der Ausgang des Menschen aus seiner selbstverschuldeten Unmündigkeit. [...] Sapere aude! Habe Mut, dich deines eigenen Verstandes zu bedienen! ist also der Wahlspruch der Aufklärung."

Die Instanzen, gegen die sich die Kritik der Aufklärung vor allem richten muss, sind absolutes Herrschertum („von Gottes Gnaden") und der Autoritätsanspruch der Kirche (für den die Inquisition ein besonders einprägsames Beispiel ist).

Posas Ideale in der Philipp-Audienz III,10

In Schillers Drama werden diese Gedanken vor allem in Posas großer Szene vor König Philipp (III,10) breit entfaltet. Gleich am Anfang der eigentlichen Darlegung bekennt sich Posa mit der markant wiederholten Feststellung, er könne „nicht Fürstendiener sein" (V. 3020 und 3063), zu dem Postulat der Gleichheit von Fürst und Bürger; später paraphrasiert er auch die Parole von Freiheit, Gleichheit und Brüderlichkeit (V. 3241 ff.). Ihn beflügelt dabei die Hoffnung auf eine neue Ära des Menschenglücks, auf einen „allgemeinen Frühling":

- Gleichheit

- Menschenglück

> „Sanftere
> Jahrhunderte verdrängen Philipps Zeiten;
> Die bringen mildre Weisheit; Bürgerglück
> Wird dann versöhnt mit Fürstengröße wandeln [...]."
> (V. 3148 ff.)

Posas Ziel ist die Beförderung allgemeinen „Menschenglücks" (V. 3045). Dazu gehört als notwendige Voraussetzung, dass der Mensch „denken" darf (V. 3059 f.); deshalb die berühmte Forderung nach Toleranz und Meinungsfreiheit: „Geben Sie / Gedankenfreiheit" (V. 3213 f.). Die Überzeugung, dass Gedankenfreiheit zu den unveräußerlichen Menschenrechten gehöre, gründet sich auf ein optimistisches Menschenbild, auf das Vertrauen auf die ‚Mündigkeit' des Menschen: „Der Mensch ist mehr, als Sie von ihm gehalten", hält Posa Philipp entgegen (V. 3186). „Menschenwürde", inneren „Adel" und den Reichtum der Möglichkeiten setzt er gegen die „Verstümmelung" des Menschen (V. 3105) und gegen die Menschenverachtung Philipps, der überall nur unterwürfige Schmeichelei zu sehen vermag (V. 3082 ff.). Der befreite, „sich selbst zurückgegeben[e]" Mensch wird sich, „zu seines Werts Gefühl erwacht", für das Glück seiner Menschenbrüder einsetzen: „der Freiheit / Erhabne, stolze Tugenden gedeihen" (V. 3245 ff.).

- Gedankenfreiheit

- Menschenwürde

Dieselben aufklärerischen Ideale, die Posa vor König Philipp im Zusammenhang darlegt, durchziehen das ganze Drama. Ausdrücklich thematisiert werden sie noch in zwei Szenen zwischen Karlos und Posa, I,2 und I,9.

Die Forderungen, die Posa König Philipp vorträgt, betreffen die Freiheit des Einzelnen, vor allem die Meinungsfreiheit. Ausdrücklich versichert er dem König, dass seine Ideen für den Augenblick keine konkreten politischen Implikationen hätten: „Das Jahrhundert / Ist meinem Ideal nicht reif" (V. 3076 f.). Das ist jedoch nur eine Schutzbehauptung; tatsächlich unterstützt Posa ganz eindeutig den Freiheitskampf der Niederlande, der das

Posas konkretes politisches Ziel

Hilfe für die Niederlande

Symbol für den politischen Kampf gegen den Despotismus ist. Gleich in seinem ersten Auftritt (I,2) erklärt er, „ein unterdrücktes Heldenvolk" habe ihn abgesandt, um Karlos „feierlich um Rettung" zu bestürmen (V. 154 ff.). Es bleibt allerdings etwas unbestimmt, was er sich unter dieser „Rettung" vorstellt. Zunächst scheint es nur darum zu gehen, zu verhindern, dass „Alba, / Des Fanatismus rauer Henkersknecht, / Vor Brüssel rückt mit spanischen Gesetzen" (V. 161 ff.). Albas Aufgabe würde es sein, den flämisch-niederländischen Provinzen ihre alten Privilegien zu nehmen und sie notfalls mit Gewalt der spanischen Zentralgewalt unterzuordnen. Wenn Karlos anstelle von Alba mit dem Kommando in Flandern betraut würde, wie er es in der Audienz-Szene II,2 vergeblich vom Vater erbittet, dann – so glaubt er – ließe sich der Aufruhr friedlich beilegen:

Sicherung der alten Privilegien

„Mich lieben
Die Niederländer; ich erkühne mich,
Mein Blut für ihre Treue zu verbürgen."
(V. 1171 ff.)

De facto würde der Verzicht auf Gewalt aber die Anerkennung der alten Privilegien bedeuten, zu deren Verteidigung die Niederländer sich erhoben haben. Das Eintreten von Posa und Karlos für die Niederlande ist also von Anfang an ein Kampf um **politische** Freiheit.
Nachdem Philipp Karlos' Bitte um das Kommando in den Niederlanden abgelehnt hat, plant Posa die offene Rebellion des Infanten gegen den König; diesen Plan erläutert er in IV,3 Elisabeth. Wenn aber Karlos die Führung der um ihre Selbstständigkeit kämpfenden Niederländer übernehmen würde, so hieße das, dass die weitgehend unabhängigen Niederlande nur noch durch eine Personalunion mit Spanien verbunden wären.

Staatliche Unabhängigkeit?

Tatsächlich jedoch sind Posas Pläne von Anfang an noch weiter gegangen, wie erst am Schluss deutlich wird, als die Pläne des Marquis Alba in die Hand gefallen sind (V,8): Es war Posas Absicht, durch Bündnisse mit „alle[n] nordschen Mächten" und mit dem osmanischen Reich Solimans die Kräfte für einen Krieg zu sammeln, „Der von der span'schen Monarchie auf immer / Die Niederlande trennen" sollte (V. 4994 f.). Als eigentliches Ziel unterstellt Schiller offensichtlich das, was in der Realität

1648 das Ergebnis des Achtzigjährigen Krieges war: eine Republik der vereinigten Niederlande.
Posa ist also sowohl der Verfechter des Ideals einer individuellen Gedankenfreiheit als auch Vorkämpfer einer Aktion zur Verwirklichung politischer Unabhängigkeit. In beiden Beziehungen erweist sich am Ende des Stücks der Großinquisitor als sein eigentlicher Gegenspieler. So überraschend man in V,8 von Posas ausgedehnten politischen Verhandlungen erfahren hat, so überraschend erfährt man in der Großinquisitor-Szene V,10, dass alle diese Pläne, Reisen und Verhandlungen der Inquisition bekannt waren, dass also jede Aktion Posas auf eine vorbereitete Gegen-Aktion gestoßen wäre.

Konträre Gegenposition zu Posas Aufklärungs-Ideen: Der Großinquisitor

Der Großinquisitor ist auch der eigentliche ideologische Widersacher von Posas Aufklärungs-Ideen. Dem Großinquisitor geht es nicht um persönliche Vorteile (wie Alba und Domingo), und er wird auch nicht von persönlichen Gefühlen geleitet (wie König Philipp zum Teil von Eifersucht getrieben wird). Ihm geht es um Grundsätzliches, wobei seine Grundsätze und Überzeugungen denen der Aufklärung konträr entgegengesetzt sind. Die (durch Philipps voreiligen Mord vereitelte) Absicht des Großinquisitors war es, Posa feierlich hinzurichten, um mit der Vernichtung dieses angeblich freien Geistes die Nichtigkeit der menschlichen Vernunft zu demonstrieren (V. 5178 ff.). Menschen dürfen (zumindest für den Monarchen) „nur Zahlen, weiter nichts" sein (V. 5223 ff.). Über allem menschlichen Denken und über allem natürlichen Empfinden steht die Autorität der Kirche; so glaubt der Großinquisitor sogar die Tötung des Sohnes durch den Vater legitimieren zu können: „Vor dem Glauben / Gilt keine Stimme der Natur" (V. 5272 f.). Denn alles Streben und Mühen der Regierung Philipps soll „der Verwesung lieber als / Der Freiheit" gedient haben (V. 5277 f.).

Nichtigkeit der Vernunft

Absolute Autorität der Kirche

Die Isolation des absoluten Herrschers

Wenn Gleichheit naturgemäß und naturgewollt ist und die Voraussetzung für wahres Menschenglück bildet, so darf man annehmen, dass Ungleichheit widernatürlich

Unnatürlichkeit der Ungleichheit

ist und unglücklich macht. Und zwar macht sie nicht nur den Unterdrückten unglücklich (was ja selbstverständlich ist und im Drama durch den Hinweis auf die Niederlande belegt wird oder durch die Art, wie der Despot mit seinem Hofstaat umspringt, etwa mit der Marquisin Mondekar oder auch mit seiner Gemahlin); nein, auch der Unterdrücker selbst verfehlt das Ziel des Menschenglücks. Denn der über allen Stehende ist erschreckend isoliert und hat niemanden, der ihm nahe ist und mit dem er sich aussprechen kann. Er kennt nur die Furcht von Untertanen, nicht die Liebe von Mitmenschen. Damit ist der absolute Herrscher beklagenswert, sofern er auch nur eine Spur von Menschlichkeit besitzt.

Vereinsamung des absoluten Monarchen

Karlos' Furcht vor der Isolation

Deshalb bittet Karlos Posa in I,9 um seine ewige Freundschaft und um das brüderliche Du, d. h. um eine Gleichheit, die den Standesunterschied auch später, wenn Karlos König sein wird, zu einer Äußerlichkeit zusammenschrumpfen lässt. Die Freundschaft soll ihn vor der tödlichen Isolation des Herrschers bewahren (und auch vor der Gefahr, seinen Idealen untreu zu werden). Dieselbe Furcht vor der Situation des absoluten Monarchen bekundet Karlos gegenüber dem Vater in der Audienz-Szene II,2:

> „Mir graut
> Vor dem Gedanken, einsam und allein,
> Auf einem *Thron* allein zu sein."
> (V. 1107 ff.)

Philipps Leiden an der Isolation

Auch Posa in seiner Grundsatzerklärung III,10 berührt das Thema der menschlichen Vereinsamung des Despoten (V. 3106 ff.) und greift damit an Philipps Seele. Denn an Philipp wird dies Problem ja eindringlich exemplifiziert. Er leidet unter dieser Vereinsamung, seitdem er durch die Eifersucht seine menschliche Schwäche erfahren und das Bedürfnis nach Aussprache kennengelernt hat. „Mich lüstete nach einem Menschen", bekennt er rückblickend in der Großinquisitor-Szene (V. 5222). Dass Alba und Domingo, die ihm immer nur Werkzeug waren, nicht Partner einer Aussprache sein können, ist klar; ergreifend aber ist es, wie Philipp in dem treuen und wohlmeinenden Lerma den Menschen anzusprechen versucht und doch immer nur die Antwort eines Untertans erhält (III,2, bes. V. 2510 ff.). Schließlich findet er in

Posa den Menschen, den er von der Vorsehung erbittet (III,5,2807). Die Enttäuschung über dessen Verrat führt den König nach schweren inneren Kämpfen zur endgültigen Ablehnung des Menschlichen, d.h. zu der Versteinerung und der Seelenkälte, zu der er sich V,9,5073ff. entschließt und die in der Großinquisitor-Szene V,10 sichtbar wird. Der Philipp des Dramenendes wird vielleicht nicht mehr unter seiner Isolation leiden – aber er wird dann auch keine menschlichen Züge mehr haben.

Der Vater-Sohn-Konflikt

Charaktergegensatz Vater – Sohn

Der Konflikt zwischen Vater und Sohn wird von Karlos im Gespräch mit Posa I,2 als extremer Gegensatz der Charaktere exponiert:

> „Zwei unverträglichere Gegenteile
> Fand die Natur in ihrem Umkreis nicht."
> (V. 333f.)

Diese Unverträglichkeit der Charaktere wird auch in der ersten großen Begegnung von Vater und Sohn, in der Audienz-Szene II,2, dargestellt. Da prallt der stürmische, gefühlsbetonte, überschwängliche Jüngling auf den kalten, misstrauischen, staatsklugen und unbeugsamen Despoten und droht dabei zu zerbrechen. Ein Symbol für den Gegensatz sind Karlos' Tränen (V. 1066ff.), vor denen sich Philipp mit Abscheu abwendet, während Karlos Tränen für die „ewige Beglaubigung der Menschheit" [d.h. des Mensch-Seins] erklärt.

Gegensatz der Prinzipien

Der Konflikt zwischen Vater und Sohn ist jedoch weniger durch einen Gegensatz der individuellen Charaktere bedingt als vielmehr durch den Gegensatz der Prinzipien. Das eigentlich „Unverträgliche" sind die absolutistische Haltung des Königs und auf der anderen Seite die vom Sturm und Drang geprägte (siehe S. 98ff.) und von Posas Aufklärungs-Ideen beeinflusste Lebenseinstellung, die Schiller (anachronistisch) seinem Karlos zuschreibt. Insofern ist das Thema des Vater-Sohn-Konflikts ein Teilbereich des übergeordneten Konflikts der Ideen.
Karlos klagt in I,2 über seine Erziehung, die durch strengste, jede Annäherung und jedes menschliche Empfinden verhindernde Etikette geprägt war. Doch diese

Unnahbarkeit, Förmlichkeit und Strenge der Etikette, die gesamte unmenschliche Atmosphäre ist nicht Ausdruck von Philipps persönlichem, individuellem Wollen, sondern ist durch die höfische Tradition bestimmt.

Rollenbedingtheit von Philipps Verhalten

Dass der König Elisabeth, die eigentlich dem Infanten verlobt war, diesem entrissen und selbst geheiratet hat, wird von Karlos als brutale Missachtung menschlichen Gefühls erlebt; aus der Perspektive des absoluten Monarchen aber ist eine solche Heirat aus politischem Kalkül durchaus normal und durch die Herrschaftstraditionen legitimiert. In der Audienz-Szene II,2 zeigt sich eine eher politisch als charakterlich bedingte Differenz in dem Grauen des Infanten vor dem absolutistischen, in die Selbstisolation führenden Herrschaftsstil Philipps (V. 1107 ff.); als Mensch empfindet Philipp hier ja selbst schon die Vereinsamung schmerzlich, zu der er sich als Monarch aber verpflichtet fühlt. Und dass bei der Behandlung der rebellischen Niederländer Philipp auf Härte setzt, Karlos aber auf Zuneigung und Vertrauen (V. 1178 f. / 1175 f.), liegt nicht daran, dass Karlos einen weicheren Charakter hat, sondern daran, dass er anderen Idealen anhängt: den Humanitäts-Ideen von Freiheit und Brüderlichkeit. Philipp und Karlos sind also nicht primär gegensätzliche Charaktere, sondern sie sind vielmehr in ihrem Bewusstsein von unterschiedlichen politischen Vorstellungen geprägt. Wie groß die Differenz zwischen beiden sein muss, wird deutlich, wenn man sich klarmacht, dass diese Vorstellungen eigentlich verschiedenen Zeitaltern angehören.

Karlos' Glaube an die menschlichen Möglichkeiten des Vaters

Wenn Karlos auch von Kindheit an den Vater als den despotischen König erlebt hat (der „stehnden Fußes / Vier Bluturteile unterschrieb“, V. 315 f.), so glaubt er trotzdem immer wieder an eine potenzielle Menschlichkeit seines Vaters; er trennt also die Person von den politischen Maximen. So hofft er I,7,911 ff., in der Audienz beim Vater könne die „Stimme der Natur“ sich gegen dessen Staatsräson durchsetzen. Noch unmittelbar vor Posas Ermordung glaubt er, durch die Erhabenheit der Freundschaft den Vater rühren zu können: „Glaube mir, er ist / Nicht ohne Menschlichkeit, mein Vater!“ (V,3,4724 f.).
Tatsächlich hat Karlos in der Audienz-Szene II,2 das Herz seines Vaters mehr gerührt, als ihm selbst bewusst wird. Die Möglichkeit einer Aussöhnung zwischen Vater und

Sohn wird dann aber sofort verdrängt durch die Alba-Domingo-Eboli-Intrige, durch die daraus resultierende Eifersucht Philipps und, daran anknüpfend, die Philipp-Posa-Tragödie. Erst im V. Akt treten sich Vater und Sohn wieder gegenüber, als Karlos von dem Verdacht einer Liebesbeziehung entlastet ist und Philipp durch die Enttäuschung, die er mit Posa erlebt hat, menschlich zugänglich ist (er ist noch derselbe Mensch, der in IV,23 „geweint" hat). Bei seinem Auftreten in V,4 ist Philipp zur Versöhnung mit dem Sohn bereit. Doch nun kann Karlos in ihm nichts anderes mehr sehen als den Mörder seines Freundes, und eine Annäherung ist undenkbar.

Der endgültige Bruch zwischen Sohn und Vater

Der Bruch, den diese Begegnung besiegelt, ist endgültig. Aber dass am Ende Philipp den Sohn der Inquisition ausliefert und damit hinrichten lässt, ist nicht die Folge dieses Bruchs zwischen Vater und Sohn. Die Enttäuschung und Wut Philipps richtet sich eigentlich gegen Posa, an dem er sich rächen will, indem er die ganze Menschheit blutig unterdrückt und dabei zuerst Karlos, den Freund des Verhassten, vernichtet (V,9,5084 ff.).

Die Hauptpersonen und ihre Konstellation

Personenkonstellation

Drei Grundpositionen:
- Freiheit
- Unfreiheit
- Eigeninteressen

Das Geschehen des Stücks wird bestimmt durch den Widerstreit dreier Positionen. Der Idee der Freiheit und Humanität steht einerseits das despotische Prinzip der Unfreiheit gegenüber; andererseits bildet die Wahrnehmung egoistischen Eigeninteresses einen Gegensatz zu jeglichem von Ideen oder Prinzipien geleiteten Handeln. Die Antriebskräfte lassen sich als Dreieck mit den drei Grundpositionen als Eckpunkten darstellen, zu denen die Personen sich in unterschiedlichem Abstand befinden.

Elisabeth

Elisabeth äußert sich nur wenig über die Freiheitsidee, vertritt sie dafür aber umso reiner und steht somit am höchsten. Den Gegenpol bildet der Großinquisitor: Er bekennt sich am grundsätzlichsten zum absolutistischen Prinzip der Unfreiheit und der Unterdrückung selbstständigen Denkens. Die Denkkategorien Albas und Domingos sind uneingeschränkt von dem Prinzip der Unfreiheit bestimmt; in ihrem praktischen Handeln lassen sich diese Hofleute dabei weitgehend von egoistischen Interessen leiten, die sie mittels Intrigen zu erreichen suchen. Diese vier Personen sind in ihren Positionen fest verankert.

Großinquisitor

Alba, Domingo

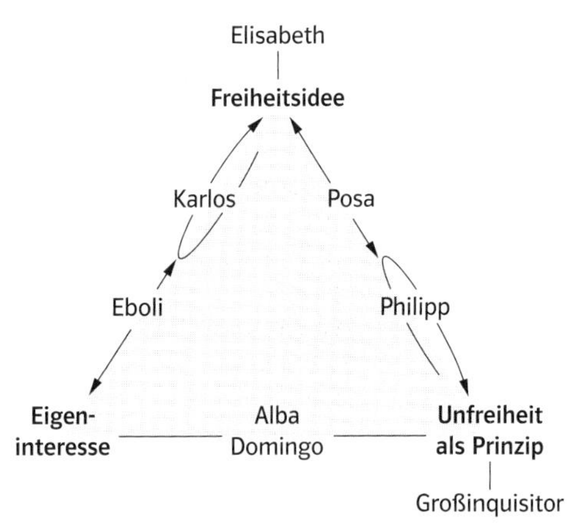

Karlos ist theoretisch ein Anhänger der aufgeklärten Freiheit, verfällt jedoch durch seine Liebe zu Elisabeth – vorübergehend, aber sehr stark – dem individuellen Glücksverlangen, also dem Eigeninteresse, bis er schließlich durch Posas Opfertod und Vermächtnis ganz für die Freiheitsidee zurückgewonnen wird. König Philipp macht eine ähnliche Hin- und Herbewegung in umgekehrter Richtung durch: Er setzt auf das absolutistische Prinzip der Unfreiheit, wird aber durch persönliche Betroffenheit (infolge der Eifersucht und des Bewusstseins der Vereinsamung) und durch Posas Vertrauen ein Stück zur Freiheitsidee hingezogen, bis er am Schluss mehr denn je dem Prinzip der Despotie verfällt. Posa bekennt sich grundsätzlich und ausführlich zur Freiheitsidee. Tatsächlich jedoch entfernt er sich in seinem Handeln, aber auch in seinem Denken weit von der Freiheitsidee in Richtung Unfreiheit, da er glaubt, die Menschen notfalls auch zu ihrem Glück zwingen zu dürfen. Das ist bei ihm jedoch keine Umkehrbewegung wie bei Karlos; sondern beide Tendenzen, zur Freiheit und zum Dirigismus, bestehen nebeneinander (wenn sie auch an verschiedenen Stellen des Dramas unterschiedlich hervortreten). Die Prinzessin Eboli ist zunächst ausschließlich von ihrem persönlichen Glücksverlangen beherrscht; der Hauptpfeil verweist also auf die Position Eigeninteresse. Im IV. Akt jedoch befreit sie sich von ihrem eigennützigen Intrigieren und tut Schritte in Richtung der Idee, wenn auch nicht der Freiheit, so doch der Wahrheit. (Ob das eine grundsätzliche Umkehr ist, bleibt offen.)

Karlos

Philipp

Posa

Eboli

Karlos

Von Karlos' äußerer Biographie wird in dem Stück nicht allzu viel erkennbar. Karlos ist ein 23-jähriger Jüngling (V. 971, 1147). Gelegentlich erwähnt wird seine portugiesische Mutter, Philipps erste Frau, die nach seiner Geburt gestorben ist (V. 31 ff., 1401 f.). Als Kind wurde Karlos gemeinsam mit Posa erzogen (V. 205 ff.); zusammen mit diesem war er auch auf der hohen Schule in Alkala (V. 174). Seit acht Monaten ist Karlos von der Universität an den Hof zurückberufen (V. 291 ff.); seitdem zeigt er den dem Hof unverständlichen Kummer (V. 21 f.) wegen

Angaben zu Karlos' Biographie

seiner heimlichen Liebe zu Elisabeth – der Mutter, die er ehemals lange als seine Braut geliebt hat (V. 46, 671 ff., 1904 f.). Nach den Worten der Prinzessin Eboli (die ihm allerdings schmeichelt) ist Karlos – im Gegensatz zu seinem historischen Vorbild – ein charmanter, liebenswerter junger Mann (V. 1610 ff.). Offiziell als Thronfolger eingesetzt ist Karlos, seitdem er in Toledo die Huldigung empfangen hat (V. 11 ff.). Er besitzt Ehrgeiz (V. 1147 f.), wird aber von Philipp völlig von den Regierungsgeschäften ausgeschlossen (V. 1132 ff.). Philipps Zweifel an Karlos' Zuverlässigkeit (V. 1084 f., 1189 ff.) beruhen auf den Warnungen Albas (V. 1250 ff., 2554 f.).

Karlos als Sturm-und-Drang-Jüngling

Wichtiger als diese äußeren Lebensdaten ist Karlos' Charakter, von dem man sogleich im I. Akt einen deutlichen Eindruck gewinnt. Der junge Infant, der sich gegen seinen despotischen Vater auflehnt und gegen die Intrigen der Hofclique ankämpft, ist leidenschaftlich, unbedingt, impulsiv-gefühlsbetont und dazu ein schwärmerischer Anhänger der Freiheitsideen einer neuen Zeit – ein idealisch gesonnener Jüngling, wie er als Figur typisch ist für den jungen Schiller oder überhaupt das Drama des Sturm und Drang.

Gefühlsbetonte Unmittelbarkeit im Kontrast zu Philipp: ein Epochen-Gegensatz

Dass Karlos' gefühlsbetonte Unmittelbarkeit positiv zu verstehen ist, zeigt vor allem die Kontrastierung mit dem Vater. Schon in der Kindheit hat Karlos den Vater nur als „den Fürchterlichen" erlebt (I,2,305 ff.). In der Sphäre dieses Vaters gibt es keine menschlichen Gefühle. Tränen beispielsweise sind ihm ein „unwürdger Anblick", während sie für Karlos „die ewige Beglaubigung der Menschheit" [d. h. Menschlichkeit] bilden (I,2,1067 ff.). Die gefühlsmäßige Zuwendung, die Karlos von Seiten des Vaters nie erfahren hat, findet er in der innigst erstrebten Beziehung zu dem Freund.

Doch bei dem Vater-Sohn-Konflikt handelt es sich nicht primär um einen Charaktergegensatz, sondern um den Gegensatz zwischen zwei Epochen: zwischen den Grundsätzen einer alten, erstarrten, zum Untergang bestimmten Zeit und einer neuen Ära von Freiheit, Gleichheit und Brüderlichkeit. Die Ideen, denen Karlos anhängt (oder jedenfalls vor seinem Verfallen in die verhängnisvolle Liebe zu Elisabeth anhing) werden in den Begegnungen mit dem Freund Posa deutlich (I,2 und I,9), auch in der Streitszene zwischen Karlos und Alba (II,5,1432 ff.). Besonderes Gewicht hat es, dass Karlos auch von dem kühl berechnenden Domingo als ernst zu nehmender politischer Gegner dargestellt wird (II,10,2004 ff.: „Er *denkt!*“).

Negative Seiten der Gefühlsbestimmtheit

Die Gefühlsbestimmtheit des für Ungebundenheit und freies Menschentum schwärmenden Infanten hat jedoch auch eine deutlich negative Seite. Seine Unbeherrschtheit und sein durch keine Normen gebändigtes individuelles Glücksverlangen lässt ihn rücksichtslos und selbstsüchtig handeln. Die egoistische Bezogenheit auf sein „krankes Herz“ (I,2,134) macht ihn taub für die Forderungen der Freiheitsidee (etwa I,2,168 ff. oder II,15,2268 ff.). Allen Ernstes scheint er zu glauben, die Gattin seines Vaters noch für sich gewinnen zu können. Den moralischen Tiefpunkt erreicht er, als er in II,15 den Brief Philipps, den er der Prinzessin Eboli gewaltsam weggenommen hat, für seine Zwecke missbrauchen will, wovon ihn Posa nur durch die energischste Zurechtweisung zurückhalten kann: „bettelarm“ sei er geworden, seitdem er niemand liebe als sich (V. 2410 ff.).

– Nachgiebigkeit gegen das „kranke Herz“

Die Unbeherrschtheit des Gefühlsbestimmten zeigt sich darüber hinaus in vielen Einzelzügen, wobei nicht immer deutlich ist, ob diese nun durch die unselige Liebe bedingt sind oder eher als Voraussetzung für deren Entstehung zu denken sind. Charakteristisch für Karlos ist es, dass er häufig wie geistesabwesend wirkt. Immer wieder erscheinen Regieanweisungen wie: „besinnt sich und fährt mit der Hand über die Stirne“ (I,2); „wie aus einer Betäubung erwachend“ (II,4); „flüchtig, gedankenlos“ (II,8). Dazu passt seine Art, spontan und dabei sehr unbedacht und unvorsichtig zu reagieren. So verrät er sich gleich in der Eingangsszene dem spionierenden Domingo durch seine Reaktion auf das Stichwort „Mutter“. Nur durch seine Unbesonnenheit ist es möglich, dass er sich in der Pagen-Szene II,4 über die Absenderin des Liebes-Billetts täuscht – eine katastrophale Verwechslung. Und seine Unbedachtheit ist es, die die endgültige Feindschaft mit Alba herbeiführt (II,5) und diesen Feind zudem noch auf die richtige Spur bringt (II,6). Schließlich ist auch der verhängnisvolle Verlauf der Eboli-Szene II,8 weitgehend durch die ‚Gedankenlosigkeit‘ des Infanten bestimmt.

– Geistesabwesenheit

– Unbedachte Spontaneität

Zu dieser gefühlsbetonten Spontaneität, die sich der Kontrolle rationaler Bewusstheit entzieht, passen wei-

– Jähe Umbrüche

terhin die jähen Wechsel in Karlos' Verhalten. So etwa am Ende von I,5, als er beim Nahen des Königs trotzig ausruft: „Ich bleibe", unmittelbar darauf jedoch: „Fort, fort!"; in II,6, als er auf die Intervention Elisabeths hin die Konfrontation mit Alba erstaunlich unvermittelt abbricht; in IV,13,3979 ff., als ihn Lerma auf die Gefahr für die Königin hinweist; oder in V,6,4885 ff., als er Merkados Ankündigung „wichtiger Geschäfte" zuerst schroff abweist, unmittelbar danach jedoch überstürzt zum Aufbruch drängt.

– Unstetigkeit des Handelns

Naturgemäß macht solche unbedachte Impulsivität Karlos unfähig zu planendem oder gar politisch verantwortlichem Handeln. Man wird sich beispielsweise fragen, ob er sich denn reale Hoffnungen auf eine Verbindung mit seiner Mutter gemacht hat. Braucht er wirklich das Schreckensgemälde, das Elisabeth ihm von seinen Absichten entwirft (I,5,732 ff.), um zu begreifen, dass diese Liebe unmöglich ist? Die Zurückweisung durch die Königin reißt ihn jäh aus seinem Traum; aber sie bringt ihn nicht wirklich zu sich selbst oder in die Realität. Das ‚Umkippen' von eigensüchtiger Liebe zum menschheitsbeglückenden Ideal erfolgt wieder ganz spontan und gefühlsbetont-irrational, sodass ein Rückschlag von Anfang an zu befürchten ist. Der tritt denn auch tatsächlich ein, als Karlos das Liebes-Billett erhält (II,4); wobei man ihm allerdings zugute halten muss, dass er durch das (vermeintliche) Scheitern der Audienz bei seinem Vater tief deprimiert und aller politischen Hoffnungen beraubt ist.

– Impulsivität statt verantwortlicher Politik

Zuvor, im Gespräch mit Posa nach der Begegnung mit Elisabeth, hat Karlos erklärt: „Flandern sei gerettet. / Sie will es – das ist mir genug" (I,7,899 f.): eine schwache Begründung für den Versuch, die wohl durchdachte und prinzipiengeleitete Flandern-Politik König Philipps zu verändern!

In der Audienzszene II,2 entgegnet er dem Vater auf dessen Einwand, er würde nur zerstören, wenn er am Zepter Anteil hätte:

> „Geben Sie
> Mir zu zerstören, Vater. – Heftig brausts
> In meinen Adern – Dreiundzwanzig Jahre,
> Und nichts für die Unsterblichkeit getan!"
>
> (V. 1145 ff.)

Das ist sicher nicht nur in Philipps Augen eine ungeeignete Basis, um darauf eine Karriere als politisch Verantwortlicher zu gründen. Hier äußert sich das überschäumende Temperament des typischen Sturm-und-Drang-Jünglings. Genauso hat man in den prononcierten Schlussversen des I. Akts, nach der Verbrüderung mit Posa, wohl mehr den ‚Titanentrotz' des ‚Kraftgenies' zu hören als eine politische Entscheidung für das Freiheitsideal:

> „Ich fürchte nichts mehr – Arm in Arm mit dir,
> So fordr ich mein Jahrhundert in die Schranken."

Karlos' Stimmungsschwankungen als Ursache für die Handlungsumbrüche

Die beschriebenen Charakterzüge des Prinzen Karlos sind eng mit der Entwicklung des Geschehens verknüpft; seine gefühlsgeleitete Spontaneität führt zu den Schwankungen und Umbrüchen, die für die Karlos-Handlung kennzeichnend sind.

- Aufschwung und Rückfall im I./II. Akt

Im I. und II. Akt schwankt Karlos zwischen der egozentrischen Liebe zu Elisabeth und der Bereitschaft, für die Freiheitsidee einzutreten (indem er sich für Flandern einsetzt). Im I. Akt führt die Bewegung von der Ichbezogenheit zur Freiheitsidee; der II. Akt bringt einen Rückfall in die äußerste Selbstsucht – einen Absturz, der durch Posa nur gerade noch aufgefangen werden kann. Diese Schwankungen in den ersten beiden Akten haben zwar äußere Anlässe, sind in diesem extremen Maß aber nur aufgrund von Karlos' Charakterstruktur verständlich.

- Zurücktreten im III. Akt

Es entspricht der Logik der Handlungsführung, dass im III. Akt der Titelheld Karlos, von Posa verdrängt, in den Hintergrund rückt, denn Karlos hat sich durch den Rückfall im II. Akt für zielstrebiges Verfolgen des Flandern/Freiheits-Plans vorläufig selbst disqualifiziert. Das rationale Handeln übernimmt jetzt Posa, während Karlos einstweilen nur noch Objekt des Geschehens ist.

- Prüfung des Freundschaftsideals im IV./V. Akt

Im IV. Akt wird er das Objekt der Rettungs-Aktion Posas. Nachdem im I. und II. Akt Karlos' Treue zum Freiheitsideal auf die Probe gestellt worden ist und vor der Liebe nicht bestanden hat, wird im IV. Akt seine Treue zu dem anderen seiner großen Ideale geprüft: die Unerschütterlichkeit seines Glaubens an die Freundschaft. Dieses Ideal verrät Karlos nicht; aber durch die gefühlsbetonte Interpretation der Handlungen des Freundes und die Emotionalität seiner Reaktionen trägt er dennoch zu den Verwicklungen bei, die zur Katastrophe führen.

Karlos' Entwicklung				
I. Akt	**II. Akt**	**III. Akt**	**IV. Akt**	**V. Akt**
Früher Verkörperung des Freundschaftsideals und schwärmerischer Anhänger der Freiheitsidee. Jetzt die Liebe zur Freiheitsidee verdrängt von der egozentrischen und sittenwidrigen Liebe zur „Mutter“. Karlos wird von Elisabeth (und Posa) für den Kampf für die Freiheit zurückgewonnen: Er will sich um das Kommando in Flandern bewerben.	Die Ablehnung der Bitte um Flandern und die Zurückweisung durch den Vater stürzen Karlos in Depressionen. Infolgedessen der Irrtum, der die Missverständnis-Szene mit der Eboli ermöglicht. Tiefpunkt: Die Absicht, Philipps Billett an die Eboli für seine Zwecke zu missbrauchen. Karlos wird von Posa vor ärgster Verwirrung bewahrt. Wirkliche Heilung des „kranken“ Freundes erhofft sich Posa erst von einer neuen Begegnung zwischen Karlos und Elisabeth.	(keine Karlos-Szenen)	Die Freundschaftstragödie: Karlos wird durch die Lerma-Warnungen IV,4 und IV,13 und durch das unverständliche Verhalten Posas IV,5 verunsichert. Er glaubt, dass Posa ihn zugunsten der größeren Gestaltungsmöglichkeiten als Minister Philipps aufgegeben hat. Um Elisabeth zu warnen, wendet Karlos sich erneut an die Eboli und zwingt dadurch Posa, ihn zu verhaften.	Aufklärung des Missverständnisses → Wiederversöhnung mit dem Freund kurz vor dessen Ermordung. Kampf mit dem Vater um das Andenken und die Beurteilung Posas. Letzte Begegnung mit Elisabeth: Läuterung der Liebe zur Menschheitsliebe. Verhaftung durch den Vater.

Im V. Akt gewinnt Karlos in der großen Abrechnung mit dem Vater V,4 eindrucksvolle Größe, als er das Andenken des Freundes gegen den Anspruch des Königs für sich und die Idee der Freiheit verteidigt. Allerdings siegt in Karlos auch hier noch einmal das Fühlen über das Denken. Wenn er uneingeschränkt dem Auftrag des Freundes gerecht werden wollte, sich für Flandern und das künftige Königtum zu retten (V. 4716 f.), so dürfte er den König auf keinen Fall argwöhnisch machen, schon gar nicht tödlich reizen, sondern müsste sich bis zu seiner Flucht aus Madrid so unauffällig wie möglich verhalten. Schiller erspart es seinem Helden freilich, am Scheitern von Posas Plänen schuld zu sein, indem er Alba den ganzen Entwurf durch die Verhaftung des Kartäusermönchs aufdecken lässt (V,8); es würde also nichts nützen, wenn sich Karlos vernünftiger verhielte.

- Kampf um Posas Andenken im V. Akt

Noch einmal auf einer neuen Stufe erscheint Karlos in der Schlussszene. Seine Liebe zu Elisabeth ist nun in Menschheits-Liebe umgewandelt; er ist frei von individuell-egoistischem Glücksverlangen und steht ganz im Dienste der Idee; das Erziehungswerk Posas und Elisabeths ist gelungen. Oder soll die Absage an die Natur, also an Gefühl und natürliches Empfinden („ausgestorben ist / In meinem Busen die Natur", V. 5338 f.; vgl. auch V. 5312 ff.) Karlos' Position fragwürdig erscheinen lassen – ein Gegenstück zu der Abwendung Philipps von allem menschlichen Empfinden in der Großinquisitor-Szene? So wird gelegentlich interpretiert, doch das dürfte kaum Schillers Meinung sein. Auch deshalb nicht, weil offenbar der Schluss des Dramas darauf hinzielt, dass Karlos gerade im Augenblick seiner höchsten Vollendung an der Realität seiner Zeit scheitert.

- Bekenntnis zur Idee in der Schlussszene

Posa

Marquis Posa hat kein historisches Vorbild; er ist die einzige weitgehend von Schiller erfundene Figur des Stücks. In Schillers Quelle, einer historischen Novelle von Abbé César Vichard de Saint-Réal (siehe S. 108), kommt Posa zwar vor, bleibt aber ganz am Rande. Auch für Schiller selbst ist er erst im Lauf der Arbeit zu einer Hauptfigur geworden. Es werden im Stück nur relativ wenige indivi-

Angaben zur Biographie Posas

duelle Züge Posas erkennbar. Die „frühen Kinderjahre" hat er gemeinsam mit Karlos verbracht, sie sind „brüderlich zusammen aufgewachsen" (V. 205 ff.). Gemeinsam sind sie offenbar auch auf der hohen Schule in Alkala gewesen (V. 174). „In jenen schwärmerischen Tagen" haben sie einander einen Treueid „auf die geteilte Hostie geschworen" (V. 4271 ff.). Seine Universitätszeit hat Posa kurz unterbrochen, um sich an der Verteidigung Maltas gegen die Türken zu beteiligen; nach legendären Taten ist er wieder zu den Studien zurückgekehrt (V. 2897 ff.). Die Verschwörung in Katalonien, die Posa später aufgedeckt haben soll (V. 2918 ff.), ist eine Erfindung Schillers. Wegen seiner Leistungen ist Posa in König Philipps Merktafel „zweifach angestrichen" (V. 2839). Doch dann ist er ausdrücklich und „auf immer" aus den Diensten des Königs getreten (V. 2989 f.; 3007 f.). Seitdem hat er Reisen „durch ganz Europa unternommen" (V. 2893). Jetzt kommt er aus Brüssel (V. 139), aus den Niederlanden und Frankreich (V. 470).

Posas Alter

Undeutlich bleibt Posas Alter. Man wird ihn sich einige Jahre älter denken als Karlos; dazu passt Schillers Äußerung im ersten seiner *Briefe über Don Carlos* bezüglich des im Lauf der Entstehungszeit gewandelten Verhältnisses zu den Hauptpersonen des Stücks: „Carlos selbst war in meiner Gunst gefallen, vielleicht aus keinem andern Grunde, als weil ich ihm in Jahren zu weit voraus gesprungen war, und aus der entgegengesetzten Ursache hatte Marquis Posa seinen Platz eingenommen."

Posa als Diener der Menschheitsidee

Für den Zuschauer erscheint Marquis Posa zunächst als Künder der Ideen, um die es Schiller geht; und auch durch sein Wesen und seine Haltung wirkt er sehr stark als Identifikationsfigur. Posa handelt durchgehend politisch und rational und bleibt immer der Idee verpflichtet. Man kann am Anfang in den Freundschaftsszenen mit Karlos leicht den grundsätzlichen Unterschied zwischen den beiden überhören; tatsächlich aber stellt sich Posa selbst in I,2 ausdrücklich als „Abgeordneter der ganzen Menschheit" vor, „nicht als des Knaben Karlos Spielgeselle". Und auch beim Schließen des Freundschaftsbundes in I,9 bewahrt Posa gegenüber dem gefühlsbetonten Werben des Freundes die verantwortungsvoll-überlegte Haltung. Er weist ausdrücklich darauf hin, dass ein solches Bündnis für den künftigen Monarchen keine Sache einer vorübergehenden Gefühlsaufwallung sein kann.

Posas Rolle in der Handlungsführung

Im II. Akt erscheint Posa nur am Schluss, um Karlos' Absturz in rücksichtslose Egozentrik aufzufangen. Der III. Akt gehört König Philipp; auch Posa erscheint in diesem Akt ausschließlich als Gegenüber Philipps, und zwar in der Szenenfolge III,8–10, wobei das Gespräch Posas mit Philipp, III,10, die für den Ideengehalt des Dramas zentrale Szene ist.

Von der Handlung her aber ist der IV. Akt der eigentliche Posa-Akt. Hier wirkt Posa auf zwei Ebenen. In den Elisabeth-Szenen am Anfang und am Schluss (IV,2 und IV,21) geht es ihm um Grundsätzliches: um seinen Freiheitsplan für die Niederlande und um die Aufgaben, die Karlos und Elisabeth dabei übernehmen sollen. Zwischen diesen Eckpfeilern vollzieht sich das „Spiel", das Posa, „verliert" (V. 4214 f.): der Versuch, die Folgen von Karlos' eigensüchtiger Liebe und unbedachtem Handeln nach Kräften zu verhüten.

Posa als pragmatisch handelnder Verfechter der Idee

Posa ist Träger und Vorkämpfer der Aufklärungs-Ideen. Aber er ist kein schwärmerischer Anhänger seines Ideals, sondern er erstrebt pragmatisch handelnd dessen Realisierung: ein rational, verantwortlich, gegebenenfalls auch berechnend handelnder Politiker im Dienst der Freiheitsidee.

Posas Freundschaftsbegriff

Konsequenterweise hat Posa von Freundschaft eine andere Konzeption als Karlos. Für ihn bedeutet Freundschaft nicht, dass sich Seele an Seele drängt, um ihrer selbst willen. Freundschaft ist für ihn so etwas wie eine pädagogische Kategorie. Das ist nicht Missbrauch der Freundschaft als bloßes Mittel zum Zweck, sondern in diesem einzigen Freund sieht er die Möglichkeit, ihn zur Idee hin zu veredeln, als Garanten einer neuen Ära der aufgeklärten Humanität. Insofern ist „das kühne Traumbild eines neuen Staates" aus dem Geist der Freundschaft geboren, wie er IV,12 Elisabeth erklärt (V. 4253 ff., bes. 4278 f.).

Ein Beispiel für Freundschaft als pädagogische Kategorie in einem kleineren Bereich bringt die Szene II,15, in der Posa das Liebes-Billett Philipps an die Eboli zerreißt, das Karlos erpresserisch missbrauchen möchte. Posa verfügt einfach über Karlos, handelt über dessen Kopf hinweg, aber er handelt doch ganz und gar im Sinne von Karlos' besserem Selbst. Zwar ist es auch im Sinne von Posas

Absichten mit Karlos, bei diesem keine neuen (trügerischen) Liebeshoffnungen aufkommen zu lassen, aber das eigentliche Motiv von Posas Handeln ist doch die Liebe zu dem Freund. So wie Posa angelegt ist, fällt eben das Erwecken des besseren Ich mit der praktischen Verfolgung des idealen Ziels zusammen.

Probleme der Posa-Gestalt

Doch Posa ist keine unproblematische Gestalt, wie folgende Aspekte verdeutlichen:

– Autokratische Selbstherrlichkeit

– Seine Neigung, die Dinge autokratisch in die Hand zu nehmen und allein über den Kopf der Betroffenen hinweg alles zum Besten zu lenken, geht – völlig unnötig – zu weit. Dass er Karlos im Dunkeln lässt über seine neue Stellung beim König und über den Grund, weshalb er die Brieftasche an sich nimmt (IV,5), und dass er dies Vorgehen in seinem Monolog IV,6 auch noch ausdrücklich rechtfertigt, ist ein Musterbeispiel für dies verhängnisvolle und fragwürdige Verhalten Posas. Nur durch diese Verfahrensweise erhalten die Lerma-Warnungen Gewicht, und die Katastrophe kommt in Gang.
  Genauso verhält sich Posa aber auch gegenüber Elisabeth am Anfang von IV,3. Über seine neue Stellung und deren Absicht geht er leichtfertig hinweg; und er hält es für unnötig, die Königin über das zu informieren, was sie selbst betrifft (V. 3431 ff.): d. h. über die Intrige der Eboli und die Eifersucht Philipps. Wäre Elisabeth davor gewarnt, so würde es wohl nicht zu dem Zusammenstoß zwischen ihr und Philipp kommen (IV,9) und also auch nicht zu den Gerüchten darüber, die Karlos so außer sich bringen, dass er sich erneut der Eboli anvertrauen möchte, was wiederum Posa zwingt, ihn zu verhaften.

– Zweifelhafte Moralität des Verfügens über andere

– Das planende Verfügen über Menschen wirkt sich nicht nur (wie in den genannten Fällen) im Ergebnis katastrophal aus, sondern ist grundsätzlich moralisch zweifelhaft. Am zweifelhaftesten erscheint Posa in der Elisabeth-Szene IV,21, wo er zugibt, Karlos' Liebe, die er hätte bekämpfen können, für seine (wenn auch idealen) Zwecke genährt zu haben:

> „Ich sah sie keimen, diese Liebe, sah
> Der Leidenschaften unglückseligste
> In seinem Herzen Wurzel fassen – Damals

> Stand es in meiner Macht, sie zu bekämpfen.
> Ich tat es nicht. Ich nährte diese Liebe,
> Die mir nicht unglückselig war. [...]
> Ich wollt ihn führen zum Vortrefflichen,
> Zur höchsten Schönheit wollt ich ihn erheben:
> Die Sterblichkeit versagte mir ein Bild,
> Die Sprache Worte – da verwies ich ihn
> Auf *dieses* – meine ganze Leitung war,
> Ihm seine Liebe zu erklären."
>
> (V. 4325 ff.)

Die Königin protestiert gegen dies Verfahren Posas, weil es sie in einer unmenschlichen Weise über alles Menschliche erhoben und ihre Gefühle ignoriert habe. Ihr letztes Wort in dieser Szene ist deshalb: „Ich schätze keinen Mann mehr" (V. 4393).

In diesem Zusammenhang bekommt eine Passage der zentralen Szene Posas vor Philipp Bedeutung. Wenn Philipp in seinem Reich der Menschheit verlornen Adel wiederhergestellt, der Freiheit wieder ihren Platz verschafft habe, sagt Posa, „dann ist / Es Ihre Pflicht, die Welt zu unterwerfen" (III,10,3249 f.). Schiller selbst hat im zweiten seiner *Briefe über Don Carlos* auf diesen problematischen Zug Posas aufmerksam gemacht (allerdings nicht im Sinne eines Tadels):

> „Ich halte für Wahrheit, [...] daß der uneigennützigste, reinste und edelste Mensch aus enthusiastischer Anhänglichkeit an *seine Vorstellung* von Tugend und hervorzubringendem Glück sehr oft ausgesetzt ist, ebenso willkürlich mit den Individuen zu schalten, als nur immer der selbstsüchtigste Despot, [...] weil jener, der seine Handlungen nach einem inneren Geistesbilde modelt, mit der Freiheit anderer beinahe ebenso im Streit liegt als dieser, dessen letztes Ziel *sein eigenes Ich* ist."

– Missbrauch von Philipps Vertrauen

– Probleme wirft auch die Art auf, wie Posa mit König Philipp umgeht. In III,10 hat er in einem ganz unbegreiflichen Umfang das Vertrauen des Königs gewonnen; und unmittelbar darauf benutzt bzw. missbraucht er die Vollmacht des Königs, um Elisabeth aufzusuchen und mit ihr die Hochverratspläne zu besprechen, die sie Karlos nahebringen soll (IV,3). Die Königin selbst hält ihm vor, dass das ein ethisch fragwürdiges Verhalten sei: „Kann / Die gute Sache schlimme Mittel adeln?" (V. 3406 f.). Posa rechtfertigt sich damit, dass er dem König redlicher zu dienen gedenke, als dieser ihm aufgetragen habe. Das bedeutet: Er hat in der Audienzszene Philipps' menschliches Herz entdeckt und sieht deshalb gerade in der Rebellion des Infanten den einzigen Weg, Philipp die im innersten Kern von ihm intendierte Menschlichkeit in Flandern noch zu ermöglichen, gegen sein eigenes System und gegen seine Schergen wie den Herzog Alba.

Posas Verhalten gegenüber dem König wäre dann zu vergleichen beispielsweise mit der Art, wie er Karlos in II,15 gegen dessen Willen zu seinem besseren Selbst zurückbringt; nur dass die Rebellion gegen den Landesherrn natürlich auf einer ganz anderen Ebene liegt als das Zerreißen eines Briefes. Andererseits muss man sich verdeutlichen, dass der Vertrauensbruch Posas gegenüber Philipp so schwerwiegend nicht ist, wie oft behauptet wird (und wie ihn die tragische Größe der Philipp-Gestalt erscheinen lässt). Es ist freilich etwas ganz Außergewöhnliches, dass der König sich die Freiheitsideen Posas verstehend anhört. Aber tatsächlich geht er ja auf Posas Ideen **nicht** ein, sondern bestellt ihn vielmehr, unfreundlich gesagt, als Spitzel in Familienangelegenheiten. Das Ergebnis der Audienzszene ist also eigentlich nicht, dass Posa den König zu sich hinaufzieht, sondern dieser versucht, im Gegenteil, ihn zu sich herabzuziehen.

- Irrationalität des Handelns im IV. Akt?

- Eine mehr die Handlungsführung betreffende Frage ist die, wie Posas Handeln im IV. Akt zu erklären ist. Der Marquis handelt hier durchaus nicht so irrational, wie es vielleicht den Anschein haben mag. Er hält Philipps Eifersucht für unermesslich gefährlich – und zwar, weil dies die Stelle ist, wo Philipp „sterblich" ist. Politisches Misstrauen erscheint ihm vergleichsweise weniger gefährlich, da Philipp auf dem Gebiet der Politik seiner Sache sicher ist und deshalb viel weniger zu Schockreaktionen neigen wird. Aufgrund dieser Überlegungen verschiebt Posa in IV,12 die Verdächtigungen von dem privaten auf den politischen Bereich. Den Haftbefehl hält er für notwendig, um unüberlegtes Handeln des Freundes gegebenenfalls verhindern zu können. Die Eboli ist für den Augenblick zwar unschädlich, da sie dem König als Haupt einer gegen ihn gerichteten Intrige erscheint,

aber was wird die Prinzessin weiter unternehmen? Aus Posas Perspektive ist es vollkommen richtig, in der erneuten Kontaktaufnahme des Infanten mit der Prinzessin eine tödliche Gefahr zu vermuten.
An der Interpretation der Handlungsführung im IV. Akt hängt die Beurteilung von Posas Opfertod. Erkennt man die Schlüssigkeit von Posas Vorgehen an, so ist auch sein Opfertod sinnvoll. Andernfalls muss man ihm vorhalten, was ihm schon die Königin vorwirft: „Sie stürzten sich in diese Tat, die Sie / Erhaben nennen" (V. 4380 f.).

König Philipp

Die Szenen, in denen König Philipp auftritt, gehören zu den theaterwirksamsten Partien des Dramas. Eindrucksvoll ist dieser König in seiner finsteren, aber majestätischen Unnahbarkeit, vor allem aber in seiner inneren Zerrissenheit.

Philipps despotisches Wesen

Die despotische Seite des Königs wird zuerst in indirekter Darstellung durch die Äußerungen von Karlos und Elisabeth allmählich exponiert. Philipp erscheint als der Misstrauische, der hinter allen, auch hinter dem eigenen Sohn, Spione herschickt (I,1); er erscheint als der unerbittliche Richter, der durch seine furchtbare Strenge einst das Kind erschreckt hat (I,2); und als der Verhärtete, der niemanden liebt, weder Sohn noch Gattin, und der, wie Elisabeth trotz allen Widerstrebens zugeben muss, auch nicht geliebt, sondern allenfalls geachtet werden kann (I,5).

Die Verhör-Szene I,6

Diesen Ankündigungen entspricht Philipp bei seinem ersten Auftreten in I,6 durchaus. Er ist ein in seiner absoluten Majestät gewissermaßen unmenschlicher Richter, der mit unwiderruflicher Bestimmtheit im Schnellverfahren seine Urteile fällt – Urteile, die „schaudernde Exempel" statuieren im Dienste der Etikette oder (wie am Schluss der Szene angekündigt) im Dienste des königlichen Amts. Und Philipp kann besser *ver*hören als *zu*hören. Doch immerhin versetzt ihn die Reaktion der Königin „in einige Bewegung" (Bühnenanweisung zu V. 845); und die Beziehung zu seiner Gemahlin bezeichnet er als die Stelle, wo er sterblich sei (V. 865).

Insgesamt bewahrt der König trotz aller Härte in diesem ersten Auftritt Würde, wenn es auch bei diesem majestätisch-schroffen Auftreten eine beklemmende Würde ist. Dabei erscheint er in seiner beherrschten Zurückgenommenheit in scharfem Kontrast zu der leidenschaftlichen Unbedingtheit des Infanten.

Zwiespältigkeit Philipps

Deutlicher erkennbar wird der König in seiner Zwiespältigkeit in der Karlos-Audienz II,2. Es werden verschiedene Wesenszüge sichtbar. Am menschlichsten berührt an Philipp das Bewusstsein der Isolation, der Einsamkeit des Herrschers auf dem Thron. Bei diesem Thema ist der König durch die Argumente des Sohns stark betroffen. Er bleibt viel weniger taub, als Karlos bewusst wird. So erklärt sich auch später bei der Posa-Audienz seine Fähigkeit, Posa anzuhören. Die Tatsache, dass er unter der Isolation leidet, verleiht Philipp Größe. Nur weil er im Grunde seines Wesens trotz allem ein wahrer ‚Mensch' ist, kann er später in seinen tiefen Konflikt geraten.

- Leiden unter der Vereinsamung

Ein zweites Charakteristikum Philipps ist sein Bemühen um Aufrechterhaltung der Würde. Dazu gehört z. B. seine Überzeugung, dass ein Mann nicht zu weinen habe. Diese Wahrung der Majestät wird von Karlos als hart, ja unmenschlich empfunden. Und in der Tat schlägt das Bewusstsein für Würde sehr leicht um in sein negatives Gegenstück: in despotische Härte. So sind für Philipp beispielsweise Entscheidungen des Königs unwiderruflich, auch falsche Entscheidungen (er denkt natürlich nicht daran, die Mondekar zurückzuberufen, als deren Unschuld deutlich wird). Der despotische Zug zeigt sich auch im Umgang mit den Vertrauten, z. B. in der Art, wie er gleich nach der Karlos-Audienz mit Alba umspringt (II,3) oder später im III. Akt mit Alba und Domingo (III,3 f.). Sie sind für ihn nicht Vertraute, sondern bloße Werkzeuge, die er nach Belieben benutzen zu können glaubt. Doch eben daher, dass die Beziehung zu seinen Vertrauten nicht auf Vertrauen beruht, rührt die von Philipp beklagte Isolation des Königs.

- Aufrechterhalten der Würde

- Despotische Härte

Über die despotische Härte noch hinaus geht das zynische, menschenverachtende Misstrauen, das bei Philipp immer wieder durchbricht. So verdächtigt er in II,2 Karlos' aus tiefstem Herzen kommende Bitte um Versöhnung als „Gaukelspiel", und als Karlos um die Führung in Flandern bittet, kommt Philipp sofort der Gedanke,

- Menschenverachtendes Misstrauen

dass er damit „das Messer seinem Mörder“ in die Hand geben würde. Als Lerma in III,2 mit warmer Verehrung von der Königin spricht, denkt Philipp an Bestechung („das muss ihr viel gekostet haben“). Und sogar in der Posa-Audienz III,10 verdächtigt er vorübergehend Posas freie Rede als besonders raffinierte Art von Schmeichelei (V. 3082 ff.).

Philipp im III. Akt

In den Vordergrund des Geschehens rückt Philipp mit dem III. Akt. Die Eifersucht, von den durch die Prinzessin Eboli dem König zugespielten Briefen erst richtig entzündet, zerstört die bisher gewahrte Balance zwischen den verschiedenen Elementen seines Charakters; der König droht dabei zu zerbrechen. So erscheint er gleich zu Beginn des Akts: Nach durchwachter Nacht sich immer noch mit Zweifeln zermarternd, vergeblich Rat suchend, im Gespräch mit Lerma von seinen Ängsten fast zum Irre-Reden getrieben, macht er dazwischen dann jedoch wieder gewaltsame Anstrengungen, seine Würde zu wahren. Die Eifersuchts-Handlung offenbart das Fatale seiner monarchischen Isolation: Ihm fehlt ein Mensch, dem er vertraut. Vergeblich unternimmt er in III,2 den Versuch, zwischen ‚König‘ und ‚Mensch‘ zu differenzieren, und als dann Lerma doch ‚menschlich‘ von der Königin zu sprechen beginnt, erwacht sofort wieder sein zynisches Misstrauen. – Schließlich beginnt Philipp in richtiger Analyse seiner Lage, dass er nämlich keine Vertrauten um sich hat, sondern nur egoistische Intriganten, mit der Suche nach einem ‚Menschen‘. So stößt er auf Posa.

Innere Zerrissenheit infolge der Eifersucht

Die Großmutsszene III,7

Vor der Begegnung mit Posa eingeschoben ist aber noch die Großmutsszene III,7, in der König Philipp dem Admiral Medina die Katastrophenmeldung verzeiht – eine Szene, die Schiller so wichtig war, dass er ihretwegen den Untergang der spanischen Armada um 20 Jahre vordatiert hat. Dieser Philipp ist jetzt mit der Gebrechlichkeit des Menschenlebens so vertraut, dass er verzeihen kann. (Oder soll man sogar hören: Er spürt und akzeptiert die Zeichen, die die Ablösung seiner Ära durch eine neue Zeit ankündigen?)

Die Begegnung mit Posa in III,10

Die Begegnung mit Posa wird dann für die weitere Entwicklung Philipps entscheidend. Dass er den Marquis überhaupt anhört, ist ein Ergebnis der vorangegangenen Erfahrung. Beeindruckt und gewonnen wird der König

- Bereitschaft zum Anhören der Ideen Posas

dadurch, dass Posa ihm seine Lage nicht nur beschreibt, sondern sie auch versteht, d. h. die Isolation des absoluten Herrschers als notwendige Konsequenz dieser Herrschaftsform analysiert. Weil er sich von dem Marquis verstanden fühlt, ist Philipp seinerseits bereit, sich die Idealvorstellung Posas von einer anderen Art der Herrschaft wenigstens anzuhören – einer Herrschaftsform, die Königtum und Brüderlichkeit bzw. Mitmenschlichkeit verbindet. „Vor unseren Augen fängt ein Mensch an, aus der Erstarrung und aus dem Dunkel, in dem er stand, Schritt für Schritt heraus- und hinüberzutreten ins Helle“ (G. Storz, 1959, S. 144).

- Grundsätzliches Missverständnis zwischen Philipp und Posa

Doch es besteht von vornherein ein Missverständnis zwischen Philipp und Posa. Indem Posa diese staatsfeindlichen politischen Ideale vorträgt, spricht er in der Tat „Wahrheit“, wie Philipp sie sucht. Er hofft, um dieser politischen Wahrheit willen gehört zu werden. Philipp jedoch glaubt, jemand, der aufrichtig und wahr ist, zum Erkunden seiner privaten „Wahrheit“ einsetzen zu können.

Der Zusammenstoß mit Elisabeth im IV. Akt

Im IV. Akt erscheint Philipp zunächst in den Eifersuchtsszenen und im Streit mit der Königin (IV,7–10) noch einmal in seiner Zwiespältigkeit: Einerseits wirkt er in der Leidenschaftlichkeit und Ausweglosigkeit seiner Eifersucht bemitleidenswert und insofern sehr menschlich, andererseits jedoch zeigt sich gerade hier eine erschreckende Selbstgerechtigkeit – besonders auch am Ende der Szene IV,9, als Philipp der psychische Zustand seiner Gemahlin wenig kümmert, sondern es ihm nur darum geht, das äußere Ansehen zu wahren:

> „Man überrascht uns – Stehn Sie auf – Soll sich
> Mein ganzer Hof an diesem Schauspiel weiden?“
> (IV,9,3803 f.)

Philipps Vertrauen zu Posa und dessen Verrat

In der Ratlosigkeit seiner Gefühle wendet sich Philipp dann vertrauensvoll an Posa (IV,11 f.). Doch hier wird deutlich, dass nicht Posa den König zu sich heraufgezogen hat, sondern umgekehrt dieser ihn zu sich hinabzuziehen versucht, insofern er ihn in sein System von Intrigen und Bespitzelung hineinziehen möchte. Von daher hat Posa recht, den König „aufzugeben“ und wieder allein auf Karlos zu setzen (V. 4315). Andererseits ist der König von Posa doch aus seiner Erstarrung in Hofetikette und formaler Würde gelöst worden, und gerade in seiner neu erwachten Menschlichkeit wird er durch Posas Verrat aufs Tiefste verletzt. Symbol für diese verletzte Menschlichkeit sind die Tränen Philipps, von denen Lerma IV,23 so eindrucksvoll berichtet: „Der König hat geweint" – derselbe König, der Tränen früher für ganz und gar unwürdig hielt (II,2).

Philipp im V. Akt

- Anfängliche Offenheit

Obwohl er so tief verwundet ist (oder vielleicht gerade deshalb), ist König Philipp bei seinem Auftreten im V. Akt (V,4) anfangs für Karlos noch offen. Neben der „allzu raschen" Ermordung Posas steht das versöhnungsbereite Erscheinen des Vaters vor dem Sohn. Dabei spricht er zunächst „gütig", auch noch V. 4778 „mit gelindem Ton". Er verändert sich erst während und durch Karlos' Anklagerede; in der Bühnenanweisung zu V. 4809 heißt es: „Der König steht ohne Bewegung, den Blick starr auf den Boden geheftet." Am Ende der Szene dann, V. 4848 ff., hat er durch Karlos' Rede das ganze Ausmaß von Posas Verrat erkannt, es ist ihm klar geworden, wie sehr er von Posa (und Karlos) verworfen und verachtet ist. Außerdem fühlt er sich vor den Augen des ganzen Hofs gerichtet, was eine für ihn fast unerträgliche Verletzung seiner Würde ist. Als dann noch die Meldung von der Rebellion in der Stadt eintrifft (V,5), kommt es in Abwendung von der bisherigen Weichheit zu einem Zornesausbruch des Königs, dem unmittelbar darauf sein Zusammenbruch folgt: „Er bleibt ohnmächtig in Albas und Lermas Armen." Was bleibt ihm jetzt, da er von Posa verraten und vom Sohn verworfen ist, auch anderes übrig, als „ohnmächtig" Alba ausgeliefert zu sein?

- Jäher Wechsel zu tödlicher Verhärtung

Nun erfolgt ein Rückschlag – zurück weit hinter die Position des Anfangs. Die Szene V,9, in der der König zunächst wie ein Nachtwandler erscheint (auch dies ist eine der theatralisch besonders wirkungsvollen Philipp-Szenen), verdeutlicht den Grund seiner tiefen Verletzung:

> „Gib diesen Toten mir heraus, […]
> Er dachte klein von mir und starb. Ich muss
> Ihn wiederhaben."
>
> (V. 5004 ff.)

> „Ich hab ihn lieb gehabt, sehr lieb. Er war
> Mir teuer wie ein Sohn. In diesem Jüngling
> Ging mir ein neuer, schöner Morgen auf."
> (V. 5048 ff.)

Die Verachtung des einzigen Menschen, den er geliebt hat, des einzigen freien Mannes, der in diesem ganzen Jahrhundert aufgestanden ist (V. 5042 f.), erträgt Philipp nicht. Er will die kurze ihm noch verbliebene Lebenszeit zur Zerstörung benutzen, zu einer Vernichtung alles Lebendigen, die eine Erstarrung auf Generationen hinaus zur Folge haben soll; und mit Karlos' Vernichtung wird er beginnen. Dazu versichert er sich aber doch in der Großinquisitor-Szene V,10 der Bestätigung seines politischen Lehrmeisters, und er erhält diese, nachdem er für seinen Abfall vom rechten Weg des Herrschers, den Rückfall in die Menschlichkeit, getadelt worden ist. Am Schluss der Szene sind sie sich einig: Philipps Macht, sein Reich und alles, wofür er gearbeitet hat, soll lieber der Verwesung anheimfallen als der Freiheit. Philipp wird seinen Sohn von der Inquisition töten lassen.

Die Groß-inquisitor-Szene

Elisabeth

Elisabeths Freiheitssehnsucht am spanischen Hof

Elisabeth wird zuerst als die Frau vorgestellt, die von Karlos geliebt wird. Daneben erscheint sie sehr bald auch als Anhängerin der Freiheitsideen und wird von Posa als Gesinnungsgenossin behandelt. Diese beiden Motivbereiche, die Elisabeths Bedeutung für Karlos und Posa betreffen, sind im Weiteren untrennbar ineinander verflochten.

Beim ersten Auftreten Elisabeths I,3 spürt man sofort, wie sehr sie sich von der freudlosen Strenge der spanischen Etikette eingeengt fühlt. Sichtbarer Ausdruck dieser Enge ist es, dass sie der Königin spontane Mutterliebe verbietet (V. 463 ff.). Später gegenüber Karlos bezeichnet Elisabeth ihre Hofdamen als „Kerkermeister" (I,5,653). Und immer wieder zitiert sie, wie eine Chiffre für die verlorene Freiheit, „ihr Frankreich" (z.B. I,6,845: „In meinem Frankreich wars doch anders").

Näher lernt man Elisabeth in der Szene mit Karlos I,5 kennen. Deutlich ist hier, dass sie Philipp zwar achtet, aber nicht liebt; vielleicht liebt sie sogar Karlos. Aber weit entfernt von dessen ausschweifenden Wunschphantasien, hält sie fest an Tugend und Pflicht. Und das nicht nur für sich. Sie erzieht auch Karlos, holt ihn von seinen Ausschweifungen zurück und zeigt ihm einen reineren Weg, indem sie ihn auf die „Tränen aus den Niederlanden" verweist. Am Ende von I,5 spricht sie nicht mehr von einer unbestimmten Sehnsucht nach mehr persönlicher Freiheit, sondern von dem konkreten politischen Ziel der Freiheit für die Niederlande, ganz im Sinne Posas.

Konkreter politischer Einsatz für die Freiheit der Niederlande

Dieses Thema wird in den beiden Szenen zwischen Elisabeth und Posa im IV. Akt (IV,3 und IV,21) weitergeführt. Elisabeth setzt sich für die Niederlande ein, und sie versucht zugleich, Karlos' irregeleitete Liebe in die richtigen Bahnen zu lenken (siehe S. 46 f.), d. h. ihn dazu zu bewegen, dass er seine Liebe statt der Mutter vielmehr seinen Reichen, zunächst den Niederlanden, und überhaupt dem Menschenglück widmet. Den Höhepunkt dieser Motivlinie bringt die Schlussszene des Dramas, V,11, die Begegnung zwischen Karlos und Elisabeth. Hier bekundet Karlos, dass er sich zur Läuterung seiner Liebe durchgerungen und endgültig zum Kampf für die Freiheit entschlossen hat – im Augenblick des tragischen Scheiterns, in das Elisabeth mit hineingezogen wird.

Elisabeths Beziehung zu Philipp: Achtung statt Liebe

Offenbaren die Szenen mit Karlos und mit Posa den Geist und die Ideale Elisabeths, so zeigt sich in den Szenen, die ihre Beziehung zu Philipp darstellen, mehr von ihrer Persönlichkeit und ihrem Charakter. In der Karlos-Szene I,5, als sie sich in Reaktion auf Karlos' Liebeserklärung zu Tugend und Pflicht bekennt, ist deutlich geworden, dass sie den König nicht liebt, wohl aber achtet. Diese Achtung wird ihr jedoch gleich in der folgenden Szene I,6 erschwert durch die Art, wie der König bei seiner inquisitorischen Untersuchung mit ihr und ihren Hofdamen umgeht. „Auf Delinquentenweise", nennt sie das später (V. 3733). Deshalb protestiert sie demonstrativ durch die Auszeichnung der Mondekar. Wenn schon ihr Gemahl sie – und damit sich selbst – desavouiert, so will sie doch wenigstens nicht die Selbstachtung verlieren.

Beeinträchtigung durch Philipps Menschenverachtung

Auch diese Motivkette wird, was die Königin angeht, erst im IV. Akt weitergeführt, in dem Eklat zwischen König und Königin, IV,9. Was Elisabeth hier erlebt, ist das

Der Eklat zwischen Philipp und Elisabeth (IV,9)

Zusammenbrechen eben der Achtung, die sie bisher für Philipp haben konnte. Sie hätte ihm so erniedrigenden Verdacht und so niedrige Mittel nicht zugetraut; für sie zerbricht in dieser Szene tatsächlich die Beziehung zu ihrem Gatten. Daher die „Kühnheit" ihres Protests: Es geht ihr um die Grundlagen ihrer Existenz als Philipps Frau. Die Kraft zu dieser Auseinandersetzung bezieht sie aus dem Bewusstsein ihrer Unschuld, vor allem aber aus der Selbstsicherheit und der inneren Freiheit, die zum Kern ihrer Persönlichkeit gehören und die sie schon in der Beziehung zu Karlos gezeigt hat. Es handelt sich um die Konfrontation eines freien Menschen mit einem absolutistischen Despoten.

Elisabeth und die Prinzessin Eboli

Ergänzt wird das Charakterbild der Königin durch die Art, wie sie sich gegenüber der Prinzessin Eboli verhält. In der Hofdamen-Szene I,3 verspricht sie zu verhindern, dass die Prinzessin aus politischen Rücksichten verheiratet wird. Es soll ihr nicht so gehen wie ihr, der Königin, selbst. Das Verständnis für einen anderen Menschen und dessen Eigenständigkeit, die Anerkennung des Rechts auf Selbstbestimmung bildet einen scharfen Kontrast zu Philipps Art, despotisch über willenlose Untertanen zu verfügen. Gerade von der Prinzessin Eboli aber wird Elisabeth grausam verraten. Als sie in IV,19 f. ihr Urteil über die reuige Eboli zu fällen hat, kann sie zwar den Diebstahl verzeihen, da er aus enttäuschter Liebe geschehen ist; dass die Prinzessin sich jedoch vom König hat verführen lassen, kann sie nicht verzeihen. Ihre Kompromisslosigkeit in diesem Punkt richtet sich wohl eher gegen den König als gegen die sittliche Verfehlung der Prinzessin. Dass der König in demselben Augenblick, da er seine Gattin der Untreue verdächtigt, selbst eine Untreue begeht, zerstört nun vollends die Achtung für ihn.

Verletzbarkeit Elisabeths

In der Philipp-Szene IV,9 und in den Eboli-Szenen IV,19 f. erlebt man Elisabeth als einen gefühlvollen, verletzbaren Menschen. Von dieser menschlichen Verletzbarkeit spricht sie selbst IV,21 in ihrer Kritik an dem berechnenden Planen Posas, wenn sie ihm vorwirft, ihr weibliches Fühlen einfach ignoriert zu haben, V. 4341 ff. Am Ende der Szene wendet sie sich von ihm ab: „Gehen Sie! / Ich schätze keinen Mann mehr."

Es ist also nicht korrekt, wenn Posa und die Prinzessin Eboli Elisabeth stellenweise zu einer realitätsfernen

Idealgestalt stilisieren. Als Posa Karlos den Unterschied zwischen Elisabeth und der Prinzessin Eboli zu verdeutlichen versucht, sagt er von der Königin (II,15,2353 ff.):

> „In angeborner stiller Glorie,
> Mit sorgenlosem Leichtsinn, mit des Anstands
> Schulmäßiger Berechnung unbekannt,
> Gleich ferne von Verwegenheit und Furcht,
> Mit festem Heldenschritte wandelt sie
> Die schmale Mittelbahn des Schicklichen,
> Unwissend, dass sie Anbetung erzwungen,
> Wo sie von eignem Beifall nie geträumt."

Daran ist richtig, dass Elisabeth ihre Tugend nicht bewusst und berechnend einsetzt; und sehr treffend ist die Formulierung von der „schmalen Mittelbahn des Schicklichen". Doch wenn Posa von Elisabeths „angeborner stiller Glorie" spricht, so verzeichnet er bereits den fühlenden und verletzbaren Menschen zu einer abstrakten Idealfigur. Und eindeutig falsch war das Bild, das sich die Prinzessin Eboli von der Königin gemacht hatte (wie sich in dem Monolog II,9 zeigt, als sie die Königin entlarvt zu haben glaubt). Als „Heilige" sei ihr diese erschienen, als „höhres Wesen", „frei von jeder Wallung sterblicher Naturen", sodass sie geradezu von dem „erhabnen Schreckbild dieser Tugend" sprechen kann.

Falsche Stilisierung zur realitätsfernen „Heiligen" durch Posa und die Eboli

Elisabeth ist **keine** „Heilige", keine Gestalt von weltferner Erhabenheit. Die Begegnung mit Karlos in Aranjuez, das Verhalten gegenüber der reuigen Eboli, der Zusammenstoß mit dem König, der Abschied von Posa zeigen einen mit sich ringenden Menschen, der für sich die „Mittelbahn des Schicklichen" immer neu erobern muss. Man kann sogar die Frage stellen, ob Elisabeths Verhalten gegenüber Philipp ganz frei von Tadel ist oder ob sie sich da in zu irdisches Taktieren oder gar Intrigieren einlässt. Selbstverständlich kann von Untreue nicht die Rede sein; aber darf sie sich ohne Wissen Philipps mit Karlos treffen (I,5)? Darf sie dieses Treffen Philipp zwar nicht ableugnen, aber doch verschweigen (I,6)? Und darf sie, wenn auch um der Freiheit willen, an Posas Hochverratsplänen teilhaben? Vielleicht darf man sie also doch nicht so unbedingt an der Freiheitsidee verankern wie in dem Schema oben S. 60.

Mögliche Kritik an Elisabeths Verhalten gegenüber Philipp

Die wichtigeren Nebenpersonen

Prinzessin Eboli: Funktion in der Brief-Intrige

Die Prinzessin Eboli hat eine nicht unwichtige Funktion in der Handlungsführung. Sie wird von Domingo und Alba für deren Intrige gewonnen, und sie ist es, die dem König die gestohlenen Briefe zuspielt, die seine Eifersucht gegen Karlos schüren. Darüber hinaus gewinnt die Gestalt der Eboli aber deutlichere Umrisse vor allem durch die Szenenfolge ihres verunglückten Rendezvous mit Karlos (II,7–9 und 11) und dann durch ihre Reue (IV,19 f. und 24). In der Karlos-Szene erscheint die Prinzessin wie ein Gegenbild zur Königin Elisabeth. Ihre Koketterie, ihr verstecktes und gewissermaßen intrigierendes Werben um Karlos, das sich doch dem Schein nach immer den gesellschaftlichen Konventionen anpasst, kontrastiert mit der Natürlichkeit und Offenheit Elisabeths. Auch ihre in blumige Worte gekleidete Bereitschaft, sich damit zu begnügen, Karlos' Mätresse zu sein (V. 1829 ff.), müsste der Königin zutiefst zuwider sein. (Als Gegenbild zu Elisabeth charakterisiert auch Posa die Prinzessin, als er Karlos vor ihr zu warnen versucht, II,15,2328 ff.)

Gegenbild zu Elisabeth

Hinweis auf Karlos' innere Gefährdung

Die Entwicklung der Eboli bildet eine – ins Negative verzerrte – Parallele zu Karlos' Entwicklung. Die Enttäuschung in einer unglücklichen Liebe bringt die Prinzessin so weit, dass sie ihre Königin verrät und sich selbst entehrt (durch ihr Verhältnis mit dem ungeliebten König wird sie ihrem eigentlichen Wesen untreu). Dass Karlos so weit nicht sinkt, hat er Elisabeth und Posa zu danken, aber die Entwicklung der Eboli zeigt die Gefahr, die auch hinter seinem hemmungslosen Liebesanspruch lauert. Karlos wird durch die Königin auf den rechten Weg zurückgeholt; und bis zu einem gewissen Grad gilt auch für die Prinzessin Eboli, dass die Lauterkeit der Königin sie zur Umkehr bringt.

Alba als Repräsentant des Militärs

Domingo und Herzog Alba sind die beiden wichtigsten Ratgeber König Philipps. Alba (eigentlich Ferdinand Alvarez de Toledo, Herzog von Alba) wird wiederholt als tapferer Soldat und als ebenso tüchtiger wie grausamer Armeebefehlshaber bezeichnet. Er ist der Repräsentant des Militärs, der einen Säule des spanischen Staates, und verkörpert als „des Fanatismus rauer Henkersknecht" (V. 162) den Despotismus, der wesensmäßig zu dem absolutistischen Regime gehört.

Der Dominikanermönch Domingo, Beichtvater des Königs, repräsentiert die andere Stütze von Philipps Staat: die Kirche und ihre Inquisition. Der Orden der Dominikaner wurde zur Bekehrung von Ketzern gegründet und bekam später die Inquisition übertragen. Dem Dominikaner steht es also zu, über die reine Lehre zu wachen. Im Gespräch mit Alba trägt er II,10 seine prinzipielle Gegnerschaft gegen die liberalen Ideen des Infanten und seine Sorgen über die Zukunft des Reiches vor:

Domingo als Repräsentant der Kirche

Domingos antiliberale Prinzipien

„Der Prinz –
Ich bin sein Feind nicht. Andre Sorgen nagen
An meiner Ruhe, Sorgen für den Thron,
Für Gott und seine Kirche. – Der Infant [...]
Hegt einen schrecklichen Entwurf – Toledo –
Den rasenden Entwurf, Regent zu sein
Und unsern heilgen Glauben zu entbehren. –
Sein Herz entglüht für eine neue Tugend,
Die, stolz und sicher und sich selbst genug,
Von keinem Glauben betteln will. – Er *denkt*!"
(V. 2009 ff.)

„Taugt er
Auf unsern Thron? Der kühne Riesengeist
Wird unsrer Staatskunst Linien durchreißen."
(V. 2029 ff.)

Sorgen „für den Thron, für Gott und seine Kirche" bestimmen wohl tatsächlich das Denken und Handeln Domingos, der durch die Aufklärungs-, Humanitäts- und Freiheitsideen von Karlos (und Posa) sowohl das Christentum als auch ein geordnetes staatliches Zusammenleben gefährdet sieht, das er sich nur unter den Vorzeichen von Absolutismus und Inquisition denken kann. Doch verbinden sich bei ihm mit diesen Überzeugungen durchaus egoistische Interessen. Er fürchtet den Verlust von Macht und Einfluss. Nicht zu Unrecht dürfte ihm Karlos in I,1 vorhalten, sein Handeln sei von der Hoffnung auf eine kirchliche Karriere bestimmt.

Domingo und Alba als selbstsüchtige Intriganten

Abgesehen von Domingos grundsätzlichen Äußerungen in II,10, erscheinen Domingo und Alba beide als Intriganten, die den Erhalt ihres Einflusses mit allen Mitteln verteidigen; die Unterschiede zwischen ihnen, die im Stück sichtbar werden, sind gering. Weder Albas Soldatentum noch Domingos Überzeugungen bestimmen irgendwo deren Auftreten. Gelegentlich erscheint Alba mehr als Geheimdienstchef (besonders im V. Akt), Domingo als untergeordneter Spitzel. Bei den Versuchen im III. Akt, Philipp gegen Karlos aufzuhetzen, wirkt Alba (III,3) etwas vornehmer als Domingo (III,4); aber ihr Ziel ist das gleiche, und bei der Eboli-Intrige sowie bei dem besonders unerfreulichen Versuch, die Königin gegen Posa einzunehmen (IV,4), wirken sie getreulich zusammen. Domingo ist es, der das Verhältnis der Prinzessin Eboli mit dem König vorbereitet hat und der sich den Plan ausdenkt, die Schatulle der Königin aufzubrechen: da steht er moralisch noch unter Alba.

Der Großinquisitor als Gegenpol zu den Aufklärungs-Ideen Posas

Der Großinquisitor vertritt die eigentliche ideologische Gegenposition zu Posa. Seine Grundsätze und Überzeugungen sind denen der Aufklärung völlig entgegengesetzt; er verficht sozusagen die Idee des Absolutismus in Staat und Kirche. Er fordert unbedingte Unterwerfung unter die Autoritäten, ohne Rücksicht auf irgendwelches menschliches Empfinden, und völligen Verzicht auf eigenes Denken. Diese seine Position beruht auf der Überzeugung von der Nichtigkeit der menschlichen Vernunft (V. 5178 ff.).

Sein Absolutheitsanspruch

Seine ‚Blindheit'

Der Großinquisitor ist ein neunzigjähriger blinder Greis. Er ist frei von Egoismus (es gibt für ihn nichts mehr zu erreichen) und unzugänglich für äußere Verlockungen (er ist blind – „Die Welt hat einen Zugang weniger / Zu [s]einem Herzen", V. 5209 f.). Aber seine Blindheit weist auch auf fehlende Einsicht, und sein Alter symbolisiert Starrsinn und Zugehörigkeit zu einer überholten Epoche. Wenn es für ihn auch keine weiteren Ziele mehr zu erreichen gibt, so hat er doch ein leidenschaftliches Interesse daran, dass **sein** Werk unverändert erhalten bleibt (V. 5250 ff.). Daher rührt der unbedingte Anspruch, mit dem er seine Institution absolut setzt und ihr eine geradezu übermenschliche Allwissenheit (V. 5150 ff.) und Allgegenwart (V. 5180) zuschreibt. Unbeugsam setzt er die Unterwerfung des Königs unter seinen Willen durch, obwohl Philipp sich mehrfach dagegen aufzulehnen versucht (V. 5159 f.; 5246 ff.).

Graf Lerma

Der **Graf von Lerma**, der Befehlshaber der Leibwache des Königs, ist eine der wenigen positiven Gestalten an diesem Hof. Er ist in III,1 um seinen durch die nächtlichen Zweifel „zerstörten" König ehrlich besorgt (wenn er ihm auch nicht zu helfen vermag); er warnt Karlos zweimal vor der vermeintlich von Posa drohenden Gefahr (IV,4 und 13); er ist zutiefst erschüttert durch die Meldung, die für die im Vorzimmer Wartenden eher ein interessantes Novum ist: dass der König geweint hat (IV,23); und schließlich warnt er Karlos vor einem Anschlag des Königs auf sein Leben und huldigt ihm als dem König seiner Kinder (V,7). Doch gerade der ehrliche und liebenswerte Lerma ist von Schiller zum Unglücksbringer bestimmt, denn erst Lermas Warnungen veranlassen Karlos, Posas Handeln unrichtig zu interpretieren und dadurch die Katastrophe auszulösen. Offenbar gibt es keine Möglichkeit, aus dem Intrigenlabyrinth des absolutistischen Hofes mit naiver Ehrlichkeit unbeschadet herauszukommen.

Der Wohlmeinende als Unglücksbringer

Sprache und Vers

Erstes Versdrama Schillers

Don Karlos ist das erste Drama Schillers, das in Versen geschrieben ist, und zwar in Blankversen, d. h. in reimlosen fünfhebigen Jamben. Schiller folgt damit dem Trend der Zeit: Lessing hatte 1779 in seinem *Nathan* den Vers wieder eingeführt (wobei es für ihn selbstverständlich war, dass er sich den Dramenvers Shakespeares zum Muster nahm), und seine Autorität verhalf dem Versdrama alsbald zum Durchbruch. *Don Karlos* erschien sofort in den ersten Vorabdrucken von 1785 als Versdrama; und ungefähr gleichzeitig arbeitete Goethe seine *Iphigenie* aus der rhythmischen Prosa der Urfassung von 1779 in die Blankvers-Fassung von 1787 um. Der Übergang zum Versdrama kündigt den Beginn der deutschen Klassik an. Denn im Grunde gilt für Schiller schon jetzt, was er ungefähr zehn Jahre später (während der Umformung des in Prosa entworfenen *Wallenstein* in Blankverse) über das Wesen des Versdramas schreibt (an Goethe, 24. 11. 1797):

Blankvers als zeitgenössisches Stilideal

Schillers Ansicht über das Wesen des Versdramas

> „Ich habe noch nie so augenscheinlich mich überzeugt als bei meinem jetzigen Geschäft, wie genau in der Poesie Stoff und Form […] zusammenhängen. Seitdem ich meine prosaische Sprache in eine poetisch-rhythmische verwandle, befinde ich mich unter einer ganz anderen Gerichtsbarkeit als vorher; selbst viele Motive, die in der prosaischen Ausführung recht gut am Platz zu stehen schienen, kann ich jetzt nicht mehr brauchen; sie waren bloß gut für den gewöhnlichen Hausverstand, dessen Organ die Prosa zu sein scheint […]. Man sollte wirklich alles, was sich über das Gemeine erheben muss, in Versen […] konzipieren, denn das Platte kommt nirgends so ins Licht, als wenn es in gebundener Schreibart ausgesprochen wird. […] Der Rhythmus [das heißt nach unserem Sprachgebrauch: das Metrum] leistet bei einer dramatischen Produktion noch dieses Große und Bedeutende, dass er, indem er alle Charaktere und alle Situationen nach einem Gesetz behandelt und sie, trotz ihres innern Unterschiedes, in einer Form ausführt, dadurch den Dichter und seinen Leser nötiget, von allem noch so Charakteristisch-Verschiedenen etwas Allgemeines, rein Menschliches zu verlangen."

„Eine ganz andere Gerichtsbarkeit"

Stilisierung ins Allgemeingültige

Gegensatz zur Sturm-und-Drang-Prosa

Eine solche Stilisierung und Idealisierung durch den Vers bedeutet die entschiedene Abkehr von der ‚naturalistischen' Prosa des Sturm und Drang. In *Kabale und Liebe* noch charakterisierte Schiller durch sehr deutlich differenzierende Sprachschichten die soziale, aber auch die moralische Position der Sprecher. So kennzeichnen etwa die Ausbrüche des Musikus Miller diesen als einen derben, aber biederen und rechtschaffenen einfachen Mann. Demgegenüber sprechen die Personen in *Don Karlos* alle gewissermaßen die gleiche, gehobene Sprache; eine Sprache, die nicht nur in den großen Szenen der dramatischen Helden, sondern auch in den Äußerungen der Nebenpersonen sich immer wieder zu temperamentvoller Rhetorik aufschwingt.

Variationsfähigkeit des Blankverses

Dennoch können die gleichen metrischen und rhetorisch-stilistischen Mittel wegen der Flexibilität ihrer Handhabung durchaus Verschiedenes ausdrücken. Der Blankvers ist überaus variationsfähig. Wie sehr er den stilisierenden Verscharakter verlieren kann, lässt sich z. B. an einer – hier als Prosafassung abgedruckten – Passage der Karlos-Eboli-Szene II,8 verdeutlichen, als Karlos, nachdem er seinen Irrtum bemerkt hat, sich „treuherzig", also ohne rhetorischen Schwung, aus der Affäre zu ziehen versucht (V. 1559 ff.):

> „Prinzessin, ich fühle selber, dass ich nur verschlimmre, wo ich verbessern will. Erlassen Sie mir eine Rolle, die ich durchzuführen so ganz und gar verdorben bin. Sie suchten auf diesem Zimmer Zuflucht vor der Welt. Hier wollten Sie, von Menschen unbehorcht, den stillen Wünschen Ihres Herzens leben. Ich, Sohn des Unglücks, zeige mich; sogleich ist dieser schöne Traum gestört."

Parlando-Stil

Häufigkeit des Enjambements

Das lässt sich durchaus als Prosa lesen; die Flexibilität des Blankverses erlaubt es, im Vers den Parlando-Stil eines ‚normalen' Gesprächs nachzuahmen. Vor allem liegt das wohl an der Häufigkeit des Zeilensprungs, des Enjambements, das oft mit einem sehr kurzen Anlauf im vorderen Vers auskommt, wie ◡ –́ ◡ („Prinzessin", „Sie suchten") oder gar nur ◡ –́ („sogleich", „dafür").

Das gilt für Schillers Blankverse überhaupt, aber für die in *Don Karlos* doch mehr als für die der späteren Dramen. Die Sentenzen und geflügelten Worte, die man aus der *Wallenstein*-Trilogie zu zitieren pflegt, füllen gewöhnlich genau einen Vers: „Es ist der Geist, der sich den Körper baut" (*Wallensteins Tod* III,13).

Dagegen haben die geläufigen Zitate aus *Don Karlos* sehr oft das Enjambement; so etwa die berühmte Forderung Posas „Geben Sie / Gedankenfreiheit" (III,10) oder der Dramenschluss: „Ich habe / Das Meinige getan. Tun Sie das Ihre" (V,11).

Mittel der Hervorhebung
– Enjambement und Antithese

Die gleichen metrisch-stilistischen Mittel können aber auch mit anderer Wirkung eingesetzt werden. Wie sich der Blankvers dazu eignet, das zögernde Sich-Entscheiden des nachdenklichen Sprechers zu gestalten, lässt sich an dem Monolog des Marquis Posa vor der Audienz bei König Philipp studieren (III,9). Doch zeigt dieser Monolog genauso, dass sich das Enjambement auch zur Hervorhebung nutzen lässt, etwa zur antithetischen Gegenüberstellung zentraler Stichworte:

> „Den **Zufall** gibt die Vorsehung – zum **Zwecke**
> Muss ihn der Mensch gestalten. – **Was der König**
> **Mit mir** auch wollen mag, gleichviel! Ich weiß,
> **Was ich** – ich **mit dem König** soll […]."
>
> (V. 2963 ff.; Hervorhebung von H. P.)

– Wortdoppelung

Charakteristisch an dieser Passage ist auch die Wortdoppelung („ich – ich") – ein Stilmittel, das an anderen Stellen noch stärkeren Ausdruckswert besitzt. So ist beispielsweise die Steigerung des Tons unüberhörbar, wenn Posa II,15 den Freund tadelt: „Wie arm bist du, wie bettelarm geworden" (V. 2420). Oder wenn II,7 der Page der Prinzessin Eboli schwärmend (und unrichtig) versichert: „Sie sind geliebt – geliebt, geliebt wie Sie / Kanns niemand sein und niemand sein gewesen" (V. 1467 f.).

Den großen, von den mannigfaltigsten rhetorischen Mitteln getragenen pathetischen Schwung findet man naturgemäß in Szenen, deren Situation das Pathos geradezu herausfordert, wie etwa Karlos' Audienz bei seinem Vater, II,2,1046 ff.:

Mein Vater!
Es ist nicht gut, bei Gott! nicht alles gut,
Nicht alles, was ein Priester sagt, nicht alles,
Was eines Priesters Kreaturen sagen.
Ich bin nicht schlimm, mein Vater – heißes Blut
Ist meine Bosheit, mein Verbrechen Jugend.
Schlimm bin ich nicht, schlimm wahrlich nicht – wenn auch
Oft wilde Wallungen mein Herz verklagen,
Mein Herz ist gut –“

Hier setzt Karlos die verschiedensten rhetorischen Stilmittel ein, um den Vater durch die Kraft seiner Worte für sich zu gewinnen: die Anapher (den Beginn zweier Teilsätze mit demselben Wort: „nicht alles, was“, „schlimm … nicht“) und deren Gegenteil, die Epipher (das Enden mit demselben Wort: „… nicht gut“), den Chiasmus (die Über-Kreuz-Stellung A B / B A: „ich bin nicht schlimm / schlimm bin ich nicht“; heißes Blut – Bosheit / Verbrechen – Jugend) und die Antithese, vor allem die von „schlimm“ und „gut“, auf die diese durch und durch rhetorische Passage hinauswill.

- Anapher

- Chiasmus

Auch dieser rhetorische Stil lässt sich in verschiedenen Situationen einsetzen. In den Audienzen des Infanten und des Marquis bei König Philipp (II,2 und III,10) ist die pathetische Überhöhung zu erwarten. In demselben Stil fasst aber auch die Prinzessin Eboli ihren Entschluss, die Königin zu entlarven (II,11,2130 ff.); in demselben Stil reden Domingo und Alba auf die Prinzessin Eboli ein, um sie für ihre Intrige zu gewinnen (II,12). Pathetisch ist der Stil bei den Begegnungen der Freunde und auch bei Karlos' Begegnungen mit Elisabeth. Aber erstaunlicherweise trägt der Bericht des Pagen II,7 ganz ähnliche Stilzüge, weil der Page über die Größe der – vermeintlichen – Liebe des Infanten zu der Prinzessin in begeistertes Schwärmen gerät. – Es zeigt sich also, dass Schiller in der Tat (wie es in dem zitierten Brief an Goethe hieß) „alle Charaktere und alle Situationen nach **einem** Gesetz behandelt“ hat.

Einheitlichkeit des rhetorischen Stils in verschiedenen Situationen

Ein weiteres charakteristisches Gestaltungsmerkmal ist die Häufung und Wiederkehr zentraler oder symbolträchtiger Stichworte in manchen Textpassagen. Am Schluss der Karlos-Eboli-Szene etwa, als es um die Rückgabe des König Philipp belastenden Briefes geht,

Häufung zentraler Stichworte

erscheint das Zentralwort „Brief“ in neunzehn Versen neunmal, davon sechsmal prononciert am Versende (II,8,1865 ff.). Als Posa sich entschließt, den scheinbaren „Zufall“ zu sinnvollem „Zweck“ zu gestalten, wiederholt er die Vokabel „Zufall“ auf kurzem Raum viermal (III,9). Die leidenschaftlich ersehnte Audienz des Sohnes beim Vater wird eröffnet mit den Schlüsselworten „Vater“ (achtmal; dazu dreimal „Sohn“ oder „Kind“) und „Versöhnung“ (dreimal) (II,2,1037–1068). Oder das eindrucksvollste Beispiel: In der berühmten Szene IV,23, in der Lerma den Zusammenbruch von Philipps Vertrauen zu Posa bekannt macht, wiederholen sich in drei Versen je dreimal die Stichworte „König“, „geweint“ und „was denn?“ Die unglaubliche Vorstellung, der König könne geweint haben, wird durch die fassungslose Wiederholung von Lermas Mitteilung durch „alle“ erst recht als unglaublich gekennzeichnet.

Die dramatische Bauform

Es ist üblich, in der Dramatik zwei einander diametral gegenüberstehende Stiltendenzen zu unterscheiden: die Tendenz zur geschlossenen Form und die zur offenen Form. Die geschlossene Form ist typisch für literarische Epochen, in denen klare Strukturen und Regeln die Dichtung bestimmen – also etwa für die Klassik. Die offene Form findet sich in literaturgeschichtlich revolutionären Zeiten wie dem Sturm und Drang; das große Vorbild auch für die Dramenstruktur ist meist Shakespeare.

Geschlossene und offene Dramenform

Das Drama der offenen Form emanzipiert sich von den herkömmlichen Normen. Es verstößt gegen die Regel von den „drei Einheiten", die vom französischen Klassizismus (Corneille, Racine) festgelegt wurde (mit irrtümlicher Berufung auf die *Poetik* des Aristoteles), d. h. gegen die Forderung nach der Einheit von Raum, Zeit und Handlung. Für das Drama des Sturm und Drang typisch sind sehr häufiger Wechsel des Schauplatzes und großzügiger Umgang mit der Zeit. Und wenn auch die Gliederung in fünf Akte äußerlich meist beibehalten wird, so ist doch der strenge Bau aufgelöst in eine episch lockere Aneinanderreihung von Einzelszenen.

Merkmale der offenen Dramenform

- Keine Gültigkeit der Regel von den drei Einheiten

Ebenso wenig wie die Regel von den drei Einheiten gilt für das Sturm-und-Drang-Drama die Ständeklausel, d. h. die seit dem Barock (in gewaltsamer Auslegung antiker Poetiken) erhobene Forderung, dass in der Tragödie die Personen von hohem Stand sein müssten. (Von Schillers frühen Dramen verstößt mindestens das bürgerliche Trauerspiel *Kabale und Liebe* eindeutig gegen die Ständeklausel.) Und schließlich wählt das Drama des Sturm und Drang statt des von den Klassizisten als verpflichtend betrachteten Verses die Prosa, und zwar nicht eine stilisierte Prosa hohen Niveaus, sondern eine Sprache, die stark affektbetont ist und verschiedene Sprachschichten abbildet.

- Keine Gültigkeit der Ständeklausel

- Prosa statt Vers

All diese genannten Stilzüge, die auch für Schillers Jugenddramen von den *Räubern* bis zu *Kabale und Liebe* charakteristisch sind, stehen in bewusster Opposition zur geschlossenen Form des Dramas. Es ist unverkenn-

Don Karlos als Rückkehr zur geschlossenen Dramenform

– Blankvers

– Personen hohen Standes

– Relativ kurze Zeit der Handlung

– Relativ einheitlicher Ort

– Relativ wenige Szenenwechsel (außer im IV. Akt)

– Zielstrebigkeit der Handlung

– Fünf-Akte-Schema

bar, dass Schiller mit *Don Karlos* diese revolutionäre Technik aufgibt und sich der traditionellen geschlossenen Form zuwendet. Dass die Verwendung des Verses eine solche Wendung zu klassischer Form bedeutet und dass damit ein einheitlich hohes Stilniveau verbunden ist, wurde im Kapitel „Sprache und Vers" gezeigt. Auch die Rückkehr zu Personen hohen Standes entspricht den Forderungen der Traditionalisten.

Die Zeitspanne der Handlung ist erkennbar kurz, wenn auch länger als die von strengen Auslegern der Regel genehmigten 24 Stunden, mit denen Schiller aber auch in den Dramen der klassischen Zeit nicht auskommt. (Die Handlung dauert in den *Räubern* ungefähr 2 Jahre, in *Don Karlos* wahrscheinlich 5 Tage, in *Wallenstein* 4, in *Maria Stuart* 3 Tage.)

Der Ort ist der spanische Hof mit einer ganz einheitlichen Atmosphäre, wenn auch die einzelnen Szenen in verschiedenen Räumen spielen. (Dagegen sind in den *Räubern* die Schauplätze über große Teile Deutschlands verteilt.) Auch mit dem Schauplatzwechsel innerhalb der Akte verfährt *Don Karlos* vergleichsweise maßvoll. Nur der IV. Akt mit seinen 8 Schauplätzen und dem mehrfach plötzlichen Ortswechsel nach einer kurzen Szene (vor 13, nach 13, nach 14, nach 17) wirkt ausgesprochen hektisch. Diese Hektik entspricht aber durchaus dem Gang der Handlung. Der IV. Akt führt in raschem Durcheinander den Zusammenstoß von König und Königin, die Freundschaftstragödie und das Planen und Misslingen von Posas Rettungsaktion vor.

Die Charakteristika der geschlossenen Form des Dramas bestimmen auch die Handlungsführung. Das Dramenganze ist eine übergreifende, durchstrukturierte Einheit; die Handlung drängt zielstrebig in einer durchgehenden Spannungskurve auf das Ende hin und zielt von allen Seiten her auf die Schlussszene V,11: auf die endgültige Idealisierung von Karlos' Liebe, auf den Entschluss zur Realisierung des Ideals durch den Aufbruch nach Flandern, das heißt auf die Bewährung des Freundschaftsideals, und allerdings auch auf Karlos' Scheitern in der Realität infolge des vernichtenden Gegenschlags des tödlich verwundeten Königs.

Das kontinuierlich zum Ende hin strebende Geschehen vollzieht sich in den fünf Stufen der klassischen Fünf-

Akte-Anordnung (vgl. das Schema auf S. 95). Dabei bilden die Akte untergeordnete Formeinheiten und spitzen sich jeweils auf einen vorläufigen Höhepunkt zu. Gefestigt wird der Bau des Dramas durch Art und Verteilung der Begegnungen zwischen den Hauptfiguren. Die korrespondierenden Szenen markieren vielfach Anfang und Ende eines Handlungs-Stranges:

Korrespondierende Szenen in *Don Karlos*

- Die beiden Szenen mit Karlos und Elisabeth, I,5 und V,11, zeigen Anfang und Ziel der Entwicklung, Egozentrik und Erreichen des Ideals, umspannen also das ganze Drama.

- Karlos und Elisabeth

- Posa und Elisabeth begegnen sich zuerst in I,4; diese relativ belanglose Szene kündigt einstweilen ihre geistige Verwandtschaft an. Die beiden wichtigen Szenen zwischen Posa und Elisabeth, IV,3 und IV,21, stehen vor Posas Aktion und nach seinem Scheitern und umschließen somit die Peripetie des IV. Akts.

- Posa und Elisabeth

- Die Freundschaft zwischen Karlos und Posa wird in I,2 grundsätzlich und ausführlich in ihrer Bedeutung exponiert; der Schluss des I. Akts, I,7–9, zeigt diese Freundschaft auf dem Höhepunkt des Gelingens, der Schluss des II. Akts, II,14f., die Bewährung nach Karlos' Rückfall. In IV,5 beginnt die Vertrauenskrise, die zur Katastrophe führt; in V,1–3 werden die Missverständnisse ausgeräumt, und die Freundschaft leuchtet unmittelbar vor Posas Ermordung in ihrem schönsten Glanz.

- Karlos und Posa

- Am bemerkenswertesten sind die Korrespondenzen zwischen den einzelnen Philipp-Szenen. Am Anfang in I,6 erscheint der König als der strenge Richter, in der Mitte in III,7 als der majestätisch-großmütige Monarch, am Schluss in V,9f. als der verhärtete, unmenschliche und rachsüchtige Richter. Die erste Szene zwischen König und Karlos, II,2, zeigt den Versöhnungswillen des Sohnes, der vom Vater zurückgewiesen wird, die Begegnung V,4f. den Versöhnungswillen des Vaters, den der Sohn jedoch nicht mehr akzeptieren kann. Die Beziehung zwischen Philipp und Posa nimmt in III und IV zweimal ungefähr denselben Verlauf: Die Szenen III,1–5 zeigen den in seiner Eifersucht hilflosen König, der schließlich in III,10 Posa findet. In IV,7–9 erlebt man noch einmal die Eifersucht des Königs, der sich dann in IV,12 vertrauensvoll Posa zuwendet. Aber

- Philipp

- Philipp und Karlos

- Philipp und Posa

diese zweite Szenenfolge ist gegenüber der ersten ein deutlicher Verfall. Die Eifersucht des Königs führt jetzt zu dem bösen Eklat mit der Königin, und der scheinbar vertrauenswürdige Posa betrügt den König. Als letztes Glied dieser Beziehungskette muss man deshalb die Szene IV,23 nennen, obwohl dort weder Posa noch der König auftreten: das Weinen des Königs über Posas Verrat.

Überlänge des *Don Karlos*-Dramas

Ein Problem, das Bau und Strukturierung des Dramas *Don Karlos* betrifft, ist die Länge des Stücks. Schiller hat 1786 in einer Fußnote zum Vorabdruck von II,4–16 in der *Thalia* geschrieben:

> „Es wird kaum mehr nötig sein zu bemerken, dass der Dom Karlos kein Theaterstück werden kann. Der Verfasser hat sich die Freiheit genommen, jene Grenze zu überschreiten und wird also nach jenem Maßstab auch nicht beurteilt werden. Die dramatische Einkleidung ist von einem weit allgemeinerem Umfang als die theatralische Dichtkunst [...]. Dom Karlos ist ein Familiengemälde aus einem königlichen Hause."

Der Dichter bezweifelt damit nicht den Dramencharakter seines Stücks, sondern nur die Realisierbarkeit auf der Bühne. In der Tat hat Schiller eine gewisse Breite der Darstellung vielleicht aus seiner romanartigen Quelle übernommen und nicht ganz abgeschüttelt. Jedenfalls ist *Don Karlos* mit (in der Endfassung von 1805 immer noch) 5368 Versen um mehr als ein Drittel länger als beispielsweise *Wilhelm Tell*. Dabei ist die Handlung als ganze durchaus straff geführt. Es gibt aber eine Reihe von Szenen, die sich sozusagen verselbständigen und den Rahmen des Dramatischen sprengen. Dazu gehört beispielsweise Karlos' Erzählung, mit der er in 1,2 Posa an die gemeinsame Kindheit erinnert, oder die langatmige Geschichte, mit der Posa I,4 die Königin auf Karlos' Situation und sein Erscheinen vorbereitet. Und auch die Eboli-Szene II,8 ist zwar ein Glanzstück des Dramas, ein hinreißendes Miniatur-Drama für sich, aber mit ihren 359 Versen (die Rahmenszenen gar nicht mitgerechnet) nimmt sie doch unverhältnismäßig breiten Raum ein.

Das Fünf-Akte-Schema in *Don Karlos*

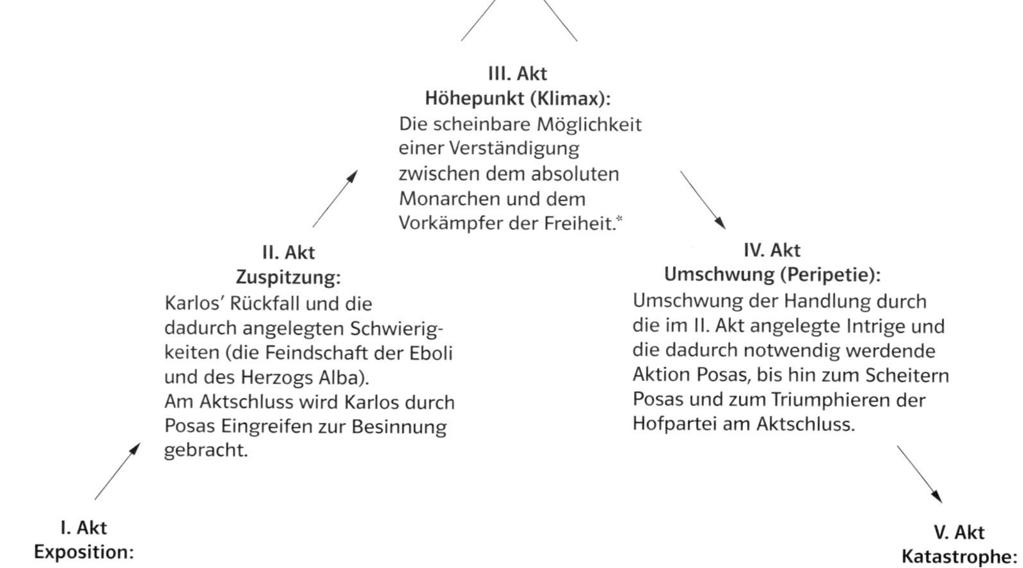

* Die gegensätzlichen Positionen prallen hier nicht im Zentrum des Dramas gegeneinander, wie in anderen Schiller-Dramen, etwa *Maria Stuart*; sondern im Verlauf des Akts ist der König durch sein Zweifeln und Leiden soweit ansprechbar geworden, dass am Schluss die Möglichkeit einer Verständigung aufleuchtet.

Zur Entstehungs- und Textgeschichte

Erscheinungsjahr 1787

Als 1787 *Don Karlos* in einer Buchausgabe erschien und uraufgeführt wurde, hatte Schiller einen mehr als vier Jahre währenden Arbeitsprozess abgeschlossen. Noch als Stuttgarter Regimentsmedikus war er 1782 von dem Freiherrn von Dalberg, dem Intendanten des Mannheimer Nationaltheaters auf die Quelle hingewiesen worden, eine Novelle von Saint-Réal (siehe S. 108), und er hatte brieflich sein Interesse an dem Stoff geäußert. Konkretere Formen nahm der Plan zu einem Karlos-Drama aber erst nach Schillers Flucht aus Württemberg an, als er sich 1782/83 auf dem Gut Bauerbach in Thüringen aufhielt. Aus dieser Zeit ist der „Bauerbacher Entwurf" vom März 1783 erhalten, ein knappes Schema, das aber die Umrisse des damaligen Plans erkennen lässt. Da sollte das Drama weniger eine historische Begebenheit darstellen als vielmehr eine Familientragödie, in deren Mittelpunkt als eindeutige Hauptperson Karlos stand, mit dem sich der Dichter sehr stark identifizierte (von einem „Busenfreund" spricht er in einem Brief aus dieser Zeit, 14. 4. 1783). Marquis Posa blieb in diesem Stadium der Arbeit noch ganz im Hintergrund.

Erste Anregung

Phasen der Entstehung

Während seiner Zeit als Mannheimer Theaterdichter (1783–85) begann Schiller dann mit der Ausarbeitung des Dramas. Weihnachten 1784 konnte er den I. Akt am landgräflich-hessischen Hof zu Darmstadt vorlesen, in Anwesenheit des zu Besuch weilenden Herzogs Karl August von Weimar, der ihm als Anerkennung den Titel eines „Herzoglichen Rats" verlieh: Vorwegnahme einer Beziehung, die einige Jahre später zu den Voraussetzungen der Weimarer Klassik gehören sollte. Kurz darauf begannen die Vorabdrucke der ersten Akte des Dramas (bis II,13) in Schillers Zeitschrift *Rheinische Thalia* (später *Thalia*). Charakteristisch für diese *Thalia*-Fassung ist das Bemühen um eine gebändigtere, der Klassik nähere Form durch die Verwendung des Blankverses. Vor allem aber tritt jetzt Posa als Abgesandter Flanderns stärker in den Vordergrund, also als Träger einer politischen Mis-

sion. Auch scheinen politische Handlung und Liebesgeschichte enger verknüpft als im früheren Entwurf.
Im April 1785 übersiedelte Schiller nach Leipzig und später Dresden, als Gast von Christian Gottfried Körner, der seitdem sein lebenslanger Freund war. In dieser neuen, glücklicheren Umgebung gelang dem Dichter die Fertigstellung des Dramas. 1787 erschien die Buchausgabe unter dem Titel *Dom Karlos, Infant von Spanien*.
In die letzte Entstehungsphase gehört die Vertiefung der Gestalt König Philipps, und vor allem arbeitete Schiller daran, den durch die Aufwertung Posas veränderten Handlungsverlauf neu zu ordnen und die Fülle des Stoffes zu bewältigen: „Noch sehe ich die chaotische Masse des übrigen Karlos mit Kleinmut und Schrecken an", schreibt er am 5. 10. 1785 an einen der Leipziger Freunde. Um die Reduzierung der Stoffmenge hat sich Schiller auch noch nach dem Erscheinen des Dramas bemüht. Für die beiden Theateraufführungen, die noch im Erscheinungsjahr des Stücks erfolgten, nahm er selbst Bearbeitungen vor, die den Umfang stark kürzten und die Handlungsführung energisch vereinfachten (eine Jamben-Fassung für Hamburg, eine Prosa-Fassung für Leipzig). Und die Ausgabe von 1805 – die letzte, die Schiller selbst besorgte und in der wir das Stück heute lesen – ist gegenüber der Erstausgabe um gut 900 Verse verkürzt.

Erste Aufführungen

Nach der raschen Folge der ersten drei Dramen (*Die Räuber, Fiesko, Kabale und Liebe*) ist die lange Entstehungszeit von *Don Karlos* bemerkenswert. Sie hat wohl vor allem innere Gründe. Im Übergang von der Sturm-und-Drang-Prosa zum Versdrama und von der offenen zur geschlossenen Dramenform manifestiert sich eine gewandelte Kunstauffassung. Es konnte nicht ausbleiben, dass sich auch das Verhältnis des Autors zu seinem Stoff während der Arbeit wandelte. Schiller selbst schreibt im ersten seiner *Briefe über Don Carlos*, dass ihm im Laufe der Zeit Posa wichtiger geworden sei als Karlos. Diese Verschiebung des Interesses von Karlos zu Posa bedeutet zugleich eine Verlagerung des Schwerpunkts von der Familientragödie zum Ideendrama, vom Vater-Sohn-Konflikt (wie er für den Sturm und Drang charakteristisch ist) zum Konflikt zwischen den Gedanken der Aufklärung und den überholten autoritären Strukturen des Absolutismus (die Schiller im Spanien König Philipps abbildet).

Wandel der Kunstauffassung Schillers während der Arbeit

Veränderung des Verhältnisses zum Stoff

Don Karlos zwischen Sturm und Drang und Klassik

Don Karlos ist in Schillers Entwicklung ein Werk des Übergangs, das sich von der formalen Ungebundenheit des Sturm und Drang löst und sich klassischer Harmonie nähert. Dies Bestreben zeigt sich formal in Sprache und Stil, ganz besonders in der Verwendung des Verses. Der Aufbau des Stücks – also die Verteilung der Personen und Spielorte, vor allem aber der Phasen der Handlungsentwicklung auf die Akte – ist zwar nicht von so klassisch-strenger Strukturierung wie später in *Maria Stuart* (1800), kann sich aber mit *Wallenstein* (1798–99) wohl messen. Differenzierter zu sehen ist die Frage, ob *Don Karlos* hinsichtlich der Figurenkonzeption, Thematik und Aussage noch zum Sturm und Drang oder eher schon zur Klassik gehört.

Karlos als Jüngling des Sturm und Drang

Die Sturm-und-Drang-Bewegung

Karlos selbst trägt charakteristische Züge eines Sturm-und-Drang-Helden. Der Sturm und Drang war eine Jugendbewegung zwischen 1770 und 1780: eine Protestbewegung junger Leute, die sich gegen die Ideen der vorangegangenen Aufklärung abgrenzten, diese teilweise aber auch weiterführten. Man wandte sich gegen die Überbewertung des Rationalen, gegen die einseitige Fixierung auf eine überschätzte Vernunft und gegen die Erstarrung in angeblich vernunftbegründeten, objektiven Normen. Dagegen proklamierte man die Unmittelbarkeit des Gefühls und seiner schöpferischen Kräfte, die Autonomie der Persönlichkeit und den Anspruch des Einzelnen auf Selbstverwirklichung.
Der Zusammenstoß eines derart autonom gesetzten Individuums mit den Normen und Strukturen der Gesellschaft war unvermeidlich. Eine der typischen Figuren des

Sturm und Drang ist denn auch das Kraft-Genie, das im Bewusstsein seiner schöpferischen Kraft und im schmerzhaften Gefühl der Einengung durch das Hergebrachte gegen die Gesellschaft revoltiert, wie etwa Schillers Räuber Karl Moor. (Typische Sturm-und-Drang-Figuren Goethes sind Götz von Berlichingen oder Prometheus mit seinem Titanentrotz.) Die Revolte ist nicht selten stark politisch akzentuiert als Anklage gegen Fürstenwillkür und Tyrannei, doch bleibt die Anklage im Allgemeinen spontan-emotional und konkretisiert sich nicht zu einem politischen Programm. Sache des Sturm und Drang war nicht das rationale Entwickeln von Ideen, sondern der Gestus des Protestierens selbst.

- Protesthaltung (Räuber-Moor-Typ)

Da andererseits der Sturm und Drang auch Haltungen und Gefühle der (mit der Aufklärung zeitlich parallel laufenden) geistesgeschichtlichen Epoche der Empfindsamkeit rezipierte, gibt es noch einen zweiten Typus des Sturm-und-Drang-Helden: den gefühlsbetont Schwärmenden, von der Gesellschaft Verkannten und Ausgestoßenen, der sich in die eigene Innerlichkeit zurückzieht (was auch eine Form des Protests gegen die Gesellschaft sein kann). Es ist der Typ von Goethes Werther, der „sein Herzchen wie ein krankes Kind" hält (Brief vom 13. Mai).

- Gefühlsbetontes Schwärmen (Werther-Typ)

Diesem Werther-Typ steht Karlos in vielem nahe. Auch er liebt eine für ihn von vornherein unerreichbare Frau, wodurch er sich für die Rolle des von der Gesellschaft Ausgestoßenen prädestiniert. Seine Liebe ist (am Anfang) getragen vom Willen zur Verwirklichung persönlicher Wünsche, ohne Rücksicht auf Normen und Sittlichkeit. Entsprechend gefühlsbetont und unbeherrscht ist seine Art, sich zu äußern und zu gebärden. Epochentypisch ist auch Karlos' Freundschaftskult: Nur ein Einzelner, nur der Freund hat Zugang zur Seele des von der Welt Verstoßenen. Zentrum der gefühlsbetonten Innerlichkeit ist auch bei Karlos das verhätschelte Herz (etwa V. 133 f.: „In dieser / Umarmung heilt mein krankes Herz"). Äußern kann sich die Seele am echtesten und unverstelltesten in Tränen; so verteidigt Karlos sein Weinen gegen die (nur auf äußere Haltung bedachte) Rationalität des Königs, II,2.

Karlos' Nähe zum Werther-Typ

Allerdings wächst Karlos im Verlauf des Stücks über den Sturm-und-Drang-Typus hinaus. Im Gegensatz zu den Helden von Schillers Jugenddramen (die allenfalls ihre

Karlos' Hinauswachsen über den Typ des Sturm-und-Drang-Helden

Schuld erkennen und sühnen) ist Karlos fähig zur Erhebung über seine Leidenschaft, zur sittlichen Läuterung, zur ‚Sublimierung' seiner Liebe (siehe S. 46 f.). Er wächst über die Beschränkung auf sein individuelles Gefühl hinaus und stellt sich in den Dienst des Menschenglücks, des Freiheits-Ideals; ja er ist schließlich entschlossen, für ein konkretes politisches Ziel zu kämpfen, für die Selbstständigkeit der Niederlande.

Posa als Gestalt des Übergangs

Die Humanitätsdramen: *Nathan – Iphigenie – Don Karlos*

Es sind Posa und die Königin, die Karlos zu dieser sittlichen Läuterung führen, und wegen dieser beiden Figuren, vor allem aber wegen Posa, hat man oft *Don Karlos* mit Lessings *Nathan* und Goethes *Iphigenie* in eine Reihe gestellt.

> „Durch alle drei schreitet das Humanitätsideal, der Glaube an ein reines, freies und schönes Menschentum, zu dem die ganze höhere europäische Kultur damals hinstrebte. In der ‚Iphigenie' ist dieses Menschentum das persönliche Wesen der Heldin, das die Gebrechen der Menschlichkeit zu sühnen vermag, im ‚Nathan' betätigt es sich als Toleranz in der religiösen Welt, im ‚Don Carlos' griff es auch auf das politische Gebiet über und ward als Grundlage wie Ergebnis eines neuen freien und glückseligen Zustandes der menschlichen Gesellschaft enthusiastisch verkündigt." (R. Weißenfels, [1905], Säkular-Ausgabe, S. xxxvi)

Charakteristika des Sturm und Drang in Posas Wesen

Dagegen lässt sich einwenden, dass Posa doch noch manche Charakteristika des Stürmers und Drängers aufweist. Nur seine etwas größere Reife, so hat man zugespitzt gesagt, unterscheide ihn von dem Räuber Karl Moor. Zwar würde er nie wie dieser mit der bürgerlichen Gesellschaft brechen, aber im Grunde sei er derselbe Typ. Auch Posa will mit allen Mitteln herstellen, was er für Recht hält; auch er benutzt für seine Zwecke die Menschen wie Schachfiguren; und wie der Räuber Moor fühlt er sich nicht an die Gesetze der bürgerlichen Gesellschaft gebunden, insofern er seinen Freund zum Führer einer Aufstandsbewegung machen will.
Aber es bestehen doch gravierende Unterschiede. Denn Posas Freiheitsideal ist unvergleichlich rationaler und

realer als die utopische Freiheitsschwärmerei der Räuber. Wenn Posa König Philipp die Forderung nach Gedankenfreiheit vorträgt oder wenn er den Kampf für die Selbstständigkeit der Niederlande vorbereitet, so verfolgt er konkrete (und mit etwas Glück auch erreichbare) politische Ziele. Und: Auch Posas Idealismus hat zwar noch etwas Selbstherrliches und schmeichelt dem Selbstgefühl des Helden, aber er ist doch viel objektiver und also reiner als die Phantasmen des verstoßenen Sohns, der seine Privatrache nachträglich mit aufgesetzten Idealen verbrämt. „Mit Posa verglichen handeln alle andern Schillerschen Jugendhelden lediglich egoistisch […]. Posa ist der erste, bei dem das ideologische Moment ursprünglich ist" (H. A. Korff, [6]1962, Bd. 2, S. 214 f.). Und schließlich sollte man Posa auch nach dem beurteilen, wozu er Karlos erzieht; und das ist die Bändigung der subjektiven Wünsche – die Durchsetzung der sittlichen **Pflicht** gegen die persönliche **Neigung**.

Unterschiede zum Sturm und Drang

Mit der Anerkennung einer allgemein verbindlichen Sittlichkeit, die sich im Humanitätsideal manifestiert, weist Posa auf eine Entwicklungsstufe voraus, die Schiller in spekulativer Reflexion erst einige Jahre später erreicht, nämlich seit seinem 1791 beginnenden Studium der Philosophie von Immanuel Kant. Mit Kant sagt Schiller später, dass zum Wesen des Menschen die Freiheit gehöre, zur Freiheit aber die Fähigkeit des Menschen, sich von den Zwängen der Sinnlichkeit, also von Trieben, Begierden und Wünschen, frei zu machen zugunsten der Sittlichkeit. Der Mensch als sittliches Wesen muss seine „Neigungen" bändigen, um der „Pflicht" zu folgen. Diese Forderung, dass relevante Handlungen sich ohne Einschränkungen nach einem einzigen obersten Gesetz richten müssen, dass allein die „Pflicht" die Triebkraft moralischer Handlungen sein darf, bezeichnet man als „ethischen Rigorismus". (Nicht im eigentlichen Sinne moralisch sind danach Handlungen, die zwar durchaus dem Sittengesetz entsprechen, bei denen aber z. B. Liebe oder Mutterliebe oder Nächstenliebe mit im Spiel ist.) Oberstes Gesetz und Maßstab rechten Handelns ist für Kant der „kategorische Imperativ": „Handle so, dass die Maxime deines Willens jederzeit zugleich als Prinzip einer allgemeinen Gesetzgebung gelten könne." (In einer anderen Fassung heißt dieser „kategorische Imperativ":

Pflicht statt Neigung

Schillers Studium der Philosophie Kants

Kants ethischer Rigorismus

Kants „kategorischer Imperativ"

„Handle so, dass du die Menschheit sowohl in deiner Person als in der Person eines jeden anderen jederzeit zugleich als Zweck, niemals bloß als Mittel brauchst.“) Wenn man Posas Handeln an dieser Forderung misst, erscheint seine Moralität zweifelhaft: Behandelt er nicht mindestens den König „bloß als Mittel“? In neueren Interpretationen wird Posa deshalb vielfach sehr kritisch gesehen (vgl. dazu unten S. 119 ff.).

Elisabeth: Ankündigung klassischer Harmonie

Im Verlauf seiner Auseinandersetzung mit Kant erwachte dann in Schiller das Bedürfnis, die schroffe Antithetik von Pflicht und Neigung, also den ethischen Rigorismus, demzufolge eine eindeutig sittliche Handlung aus Neigung nicht möglich wäre, zu überwinden. In seiner Schrift *Über Anmut und Würde* (1793) verwendet er den Terminus „Würde“ für das affektfreie (d. h. von Neigung freie) Handeln gemäß der Pflicht. Unter dem Stichwort „Anmut“ (oder „Grazie“) entwickelt er jetzt aber ein neues Ideal: das Ideal einer Harmonie des ganzen Menschen, der Vereinigung von Sinnlichkeit und Sittlichkeit im Zeichen der Schönheit. Eine schöne Handlung ist eine, bei der das Pflichtgemäße impulsiv aus Neigung getan wird; „Anmut“ ist der Ausdruck einer „schönen Seele“, der der harmonische Ausgleich von Geist und Sinnen gelungen ist. In seiner Schrift *Über den moralischen Nutzen ästhetischer Sitten* (1793/96) führt Schiller das Beispiel an, dass Menschen durch den Eisgang auf der reißenden Oder in Lebensgefahr geraten sind. Das natürliche Gefühl (der Selbsterhaltungstrieb) würde es den meisten von uns verbieten, zur Rettung dieser Unglücklichen das eigene Leben zu wagen. Wenn jemand sich doch zu einem Rettungsversuch entschließt, so wird er wahrscheinlich gegen seine Neigung „aus Bewusstsein der Pflicht“ handeln. Wenn allerdings jemand ganz von Menschenfreundlichkeit oder Nächstenliebe geprägt ist (Schiller sagt: wenn er „einen so reizbaren Schönheitssinn“ hat, „den alles, was groß und vollkommen ist, entzückt“), „so wird in demselben Augenblick,

Schillers späteres Ideal: „Anmut“ als Harmonie von Sinnlichkeit und Sittlichkeit

Ein Beispiel Schillers

als die Vernunft ihren Ausspruch tut“ (und das Handeln gemäß der Pflicht befiehlt) „auch die Sinnlichkeit zu ihr übertreten, und er wird das *mit* Neigung tun, was er ohne diese zarte Empfindlichkeit für das Schöne *gegen* die Neigung hätte tun müssen“. Kant würde ein solches Handeln „für minder vollkommen“ halten als das Handeln rein aus Pflichtgefühl, Schiller erklärt es für „bei weitem vollkommener“ (Säkular-Ausgabe, Bd. 12, S. 156f.).

Der Aufsatz *Über Anmut und Würde* stellt die spätere philosophisch-ästhetische Position des klassischen Schiller dar. Die Elisabeth des *Don Karlos* nimmt aber manche Züge des späteren Ideals der harmonischen „schönen Seele“ schon voraus. Sie scheint in unbewusster „Grazie“ (vgl. V. 2331f.) die Moralgesetze zu erfüllen, die andere ihrer Natur mühsam abringen müssen (die Prinzessin Eboli etwa, aber auch Karlos). Vor allem von Posa wird die Königin so dargestellt:

Elisabeth als Vorwegnahme des klassischen Ideals der „schönen Seele“

> „Mit festem Heldenschritte wandelt sie
> Die schmale Mittelbahn des Schicklichen [...].“
> (II,15,2357f.)

Zu Elisabeths innerer Harmonie und Stimmigkeit gehört es auch, dass sie bei grundsätzlich gleichen Zielen nicht so leicht wie Posa zugunsten des Zukunftsbildes eines freiheitlichen Staates über die Gefühle der konkretlebendigen Mitmenschen hinwegzugehen bereit ist. Sie selbst hält Posa vor, dass er sie verplant habe, als wäre sie „aller Weiblichkeit entbunden“ (V. 4341ff.); sie wirft ihm damit eigentlich Unmenschlichkeit vor. Schiller konstatiert im elften seiner *Briefe über Don Carlos* (als Tadel gegen Posa),

> „daß man sich in moralischen Dingen nicht ohne Gefahr von dem natürlichen, praktischen Gefühl entfernt, um sich zu allgemeinen Abstraktionen zu erheben, daß sich der Mensch weit sicherer den Eingebungen seines Herzens oder dem schnell gegenwärtigen und individuellen Gefühle von Recht und Unrecht vertraut als der gefährlichen Leitung universeller Vernunftideen, die er sich künstlich erschaffen hat – denn nichts führt zum Guten, was nicht *natürlich* ist.“

Eine solche ‚Natürlichkeit, die zum Guten führt‘, also „Schönheit“ und „Anmut“ im Sinn der klassischen Theorie, besitzt Elisabeth, und insofern kann man sie mit Iphigenie in Goethes *Iphigenie auf Tauris* parallelisieren. Doch Iphigenie hält in allen Verwicklungen des Geschehens am Humanitätsideal fest, lässt sich nicht auf Intrigen oder Betrug ein, sondern wagt im Vertrauen auf die rettende Kraft „reiner Menschlichkeit“ sogar ihr Leben und das ihres Bruders und seines Freundes. Dagegen bleibt Elisabeth in den Intrigen der Handlung nicht ganz fleckenlos. Sie hintergeht Philipp durch die erste Begegnung mit Karlos und die Art, wie sie diese Philipp gegenüber abstreitet, durch die Gespräche mit Posa, durch die sie in die verschwörerischen Pläne eingeweiht wird, und durch das letzte Treffen mit Karlos, bei dem es um offenen Hochverrat geht.

Einschränkungen von Elisabeths Vollkommenheit

So bleibt letzten Endes auch die Königin noch eine Gestalt des Übergangs – fern von der ungebundenen Selbstgesetzlichkeit des Sturm und Drang, aber doch auch nicht ganz auf der Stufe vollendeter Klassik.

Schillers weitere Entwicklung

Dramatisches Schaffen

Dem Erscheinungsjahr nach steht *Don Karlos* näher bei den Jugenddramen. Zunächst erschienen in rascher Folge 1781/82 *Die Räuber*, 1783 *Fiesko*, 1784 *Kabale und Liebe*, dann mit drei Jahren Abstand *Don Karlos*. Danach folgte in Schillers dramatischem Schaffen eine Pause von elf Jahren, bis zum *Wallenstein* von 1798/99. In dieser Zwischenzeit widmete sich Schiller zunächst historischen Studien. Die aus der Arbeit an *Don Karlos* erwachsene *Geschichte des Abfalls der Vereinigten Niederlande von der spanischen Regierung* (1788) brachte ihm so viel Ansehen als Historiker, dass er (durch Vermittlung Goethes) eine, freilich unbesoldete, Geschichtsprofessur in Jena erhielt. Eine weitere große historiographische Arbeit war die *Geschichte des Dreißigjährigen Krieges* (1791–93), in der Schiller dann den Stoff zur *Wallenstein*-Trilogie fand.

Geschichtsschreibung

Mit den historiographischen Arbeiten wollte Schiller vor allem seine ökonomische Situation verbessern. Nachdem er 1791 durch ein großzügiges Geldgeschenk von Verehrern aus Kopenhagen von den drückendsten finanziellen Sorgen befreit war, begann er sofort ein intensives Studium der Philosophie, vor allem der Philosophie Kants.

Von nun an entwickelte er in einer Reihe von Schriften seine klassische Ästhetik (*Über Anmut und Würde*, 1793; *Über die ästhetische Erziehung des Menschen*, 1795).

Philosophische Schriften (klassische Ästhetik)

1794 schloss Schiller den Freundschaftsbund mit Goethe, der ein wesentliches Element der Weimarer Klassik ist. Von der nun erreichten klassischen Position aus erschien ihm sein gesamtes Jugendwerk einschließlich *Don Karlos* als etwas eindeutig Überholtes:

> „Was ich je im Dramatischen zur Welt gebracht, ist nicht sehr geschickt, mir Mut zu machen, und ein Machwerk wie der ‚Carlos' ekelte mich nunmehr an, wie sehr gern ich es auch jener Epoche meines Geistes zu verzeihen geneigt bin." (1794)

Historische Grundlagen und Quellen

Die historischen Personen und ihre Zeit

Jahr der Handlung: 1568

Schillers *Don Karlos* spielt 1568 im Spanien Philipps II., in der Anfangsphase des Aufstands der Niederlande, im Jahr der Verhaftung des Kronprinzen; zu dieser Zeit war Karlos 23 Jahre alt (vgl. V. 971, 1147). Die Hauptpersonen des Dramas außer Posa sind historische Gestalten.

König Philipp II.

Philipp II. geb. 1527; König von Spanien 1556–98. Ernstes Pflichtbewusstsein zwang ihn nach seinem Selbstverständnis, gegen Ketzerei (darunter auch den in den Niederlanden aufkommenden Protestantismus) und Freiheitsbestrebungen (wie in den Niederlanden) mit unnachsichtiger Strenge vorzugehen. Die Inquisition (in Spanien eine Institution des Staates) hatte unter seiner Regierung bedeutenden Einfluss. Philipps Königtum war absolutistisch, doch in der äußeren Erscheinung war dieser spanische Absolutismus (im Gegensatz zu dem späteren französischen Absolutismus Ludwigs XIV., des „Sonnenkönigs" von Versailles) geradezu asketisch. Der vorherrschende Eindruck ist nicht der der Prachtentfaltung, sondern der eines steifen, pedantisch eingehaltenen Zeremoniells. Zur Zeit des Dramas, 1568, regierte Philipp seit 12 Jahren und hatte noch 30 Jahre Regierungszeit vor sich.

Das spanische Großreich Philipps

Unter Philipp war Spanien die bedeutendste europäische Macht. Es hatte die Vormacht in Italien; es besaß als ‚burgundisches Erbe' die Niederlande mit Flandern und Brabant; und in Amerika hatte es ein Kolonialreich, das sich von Florida und Kalifornien über Mexiko, Mittelamerika und Peru bis hinunter nach Chile erstreckte. Die erste Beschädigung der spanischen Machtstellung brachte der

Aufstand der Niederlande

Aufstand der Niederlande (seit 1567), deren entwickeltes und wirtschaftlich prosperierendes Bürgertum seine Privilegien gegen den spanischen Absolutheitsanspruch behaupten, außerdem sich Religionsfreiheit erkämpfen wollte. Der Aufstand, in dessen Anfangsphase das brutale Auftreten Albas als Statthalter der Niederlande fällt, entwickelte sich zu einem „Achtzigjährigen Krieg". Im weiteren Verlauf dieses Krieges unterstützte das aufstrebende England Elisabeths I. den Kampf der Niederländer. Die daraufhin von Philipp gegen England entsandte Flotte, die als unbesiegbar geltende Armada, wurde 1588 vor der Küste Englands vernichtet. Mit dieser katastrophalen Niederlage setzte der Verfall Spaniens als Weltmacht ein.

Elisabeth von Valois

Elisabeth von Valois Tochter Heinrichs II. von Frankreich und der Katharina von Medici; geb. 1545, also 18 Jahre jünger als Philipp und genau gleichaltrig mit Karlos. Sie war 1556 mit Karlos verlobt worden; doch nachdem Philipp zum zweiten Mal Witwer geworden war, entschloss er sich, sie selbst zu heiraten (1559/60). Ihr Leben in Spanien und an der Seite ihres (bei der Heirat 32-jährigen, zur Zeit der Dramenhandlung 41-jährigen) Gemahls ist von Schiller wohl zu negativ dargestellt, z. B. lebte sie nicht wie in einem Gefängnis, sondern brachte einen großen eigenen Hofstaat mit. Mit Sicherheit bestand zwischen ihr und dem Infanten kein Liebesverhältnis. Elisabeth starb im selben Jahr wie Karlos, und zwar eines natürlichen Todes.

Don Karlos

Don Karlos geb. 1545; Philipps Sohn aus erster Ehe. Von Kindheit an war er körperlich und geistig zurückgeblieben. Zeitgenossen berichten von extremer Grausamkeit und krankhaftem Eigensinn. Zur Zeit seiner Volljährigkeit soll er eindeutig geisteskrank gewesen sein. Notorisch waren sein unbändiger Hass gegen den Vater und seine Herrschsucht. Für die aufständischen Niederländer hegte er Sympathien; er verfolgte mit bis zu Tobsuchtsanfällen gehender Hartnäckigkeit das Ziel, anstelle von Alba als Statthalter in die Niederlande geschickt zu werden. Als Karlos 1568 seine Flucht aus Spanien vorbereitete, sah König Philipp sich gezwungen, ihn wegen Unzurechnungsfähigkeit gefangen zu setzen. Er starb wohl im Juli desselben Jahres; die Todesursache ist nicht eindeutig geklärt.

Schillers Quellen / Schillers Darstellung der historischen Fakten

Schillers Darstellung entspricht den historischen Gegebenheiten in vielen Punkten nicht. Für die Mehrzahl der Abweichungen ist aber nicht Schiller verantwortlich, sondern seine Quellen.

Schillers Hauptquelle: Saint-Réal

Die wichtigste Quelle war die *Histoire de Dom Carlos, fils de Philippe II* des Abbé César Vichard de Saint-Réal (1672/91). Schiller hat dies Buch als Geschichtsschreibung angesehen. Tatsächlich ist es eher eine Art Roman: ein Roman von der zarten Liebesbeziehung zwischen Elisabeth und Karlos und von den Intrigen der Hofpartei, die den gefürchteten Kronprinzen stürzen will. Die Liebesgeschichte gibt dem episodenreichen Roman die Einheit und das Zentrum. Ganz gegen die historischen Fakten werden deshalb die Liebenden, vor allem Karlos, auf Kosten des Königs idealisiert. Außer der Liebesgeschichte fand Schiller fast alle weiteren Elemente seines Stücks bei Saint-Réal: alle wichtigen Personen (außer Domingo); die Freundschaft zwischen Karlos und Posa (der aber bei Saint-Réal Randfigur bleibt); die Eboli-Handlung; den Wunsch des Infanten, in die Niederlande zu gehen, und seinen Fluchtplan.

Zusätzliche Quellen

Schiller hat den Roman des Saint-Réal durch das Studium weiterer französischer Quellen ergänzt, deren Grundtendenz indessen die gleiche war. Erst in einer relativ späten Phase seiner Arbeit lernte er ein englisches Werk kennen, das ein positiveres Bild von Philipp zeichnete, *The History of the Reign of Philip II, King of Spain* von Robert Watson, das ihm aber gleichfalls in der französischen Übersetzung von 1778 vorlag. Unter dem Einfluss dieses Buches steht wohl die Ausgestaltung der tragischen Züge der Philipp-Gestalt.

Schillers selbstständige Erfindungen

Die wichtigsten Passagen, die Schiller völlig frei selbst gestaltet oder erfunden hat, betreffen nicht eigentlich die geschichtlichen Verhältnisse, sondern seine Absicht, in der Figur des Marquis Posa einen Träger der Freiheits- und Freundschaftsidee zu gestalten. Solche frei gestalteten Passagen sind das Gespräch Posas mit Philipp III,10 und die Posa-Handlung des IV. Akts, ferner die Großinquisitor-Szene V,10 (die das Gegenbild zur Freiheitsidee

zeigt) und der nächtliche Abschiedsbesuch des Karlos bei Elisabeth V,11.
Mit der zu idealisierenden Darstellung des Don Karlos und der sehr negativen des Königs ebenso wie mit der Übernahme der Liebesgeschichte folgt Schiller also Saint-Réal. Es gibt aber auch einige historische Fakten, die er um der Wirkung willen selbst gravierend verändert hat. Um die Liebes- und Eifersuchtsgeschichte stärker zu akzentuieren, hat er Philipp 20 Jahre älter gemacht: Der 41-Jährige erscheint als sechzigjähriger „Greis“ (V. 708, 2036). Das Jahr der Handlung muss 1568 sein, und dazu passen auch die Angaben über Karlos' Alter. Was jedoch die flandrischen Wirren anbetrifft, so werden bei Schiller die historischen Ereignisse des Jahres 1567 als noch bevorstehend angesehen (schon 1567 reiste z. B. Alba in die Niederlande ab). Offenbar hat hier Schiller die Reihenfolge der Ereignisse geändert, um das Liebesthema mit dem Freiheitsthema und beides mit dem tragischen Scheitern des Infanten kombinieren zu können.

Veränderungen historischer Fakten

Eine weitere, besonders krasse Unkorrektheit: Den Untergang der Armada verlegt Schiller um 20 Jahre vor, von 1588 ins Jahr 1568. Dadurch kann er in III,7 die verständnisvolle Großmut des Königs gegenüber dem geschlagenen Admiral darstellen. Darüber hinaus erscheint die Vorwegnahme dieser Katastrophe für das spanische Reich aber auch als chiffreartiger Verweis auf den Ausgang des Streits zwischen altem System und neuen Ideen, der in der Posa-Audienz III,10 thematisiert wird. Auch wenn in Schillers Stück Posa und Karlos tragisch scheitern – letzten Endes ist es doch das Alte, das zum Untergang verurteilt ist.

Zur gattungstheoretischen Einordnung von *Don Karlos*

Dramatisches Gedicht oder Tragödie?

Alltagssprachlicher Gebrauch von „tragisch"

Schiller nennt *Don Karlos* ein dramatisches Gedicht; in der Germanistik pflegt man von einer Tragödie zu sprechen, ohne sich darüber einigen zu können, wen die Tragödie betrifft oder worin sie genau besteht. Tragisch im alltagssprachlichen Sinn von ‚erschütternd' ist das Schicksal von Karlos und Posa, weil sie im Kampf für das Gute untergehen. Aber auch Philipps Schicksal ist erschütternd, insofern die Anlage zur Menschlichkeit, die in ihm schlummerte und die im Verlauf der Handlung geweckt worden ist, am Schluss völlig vernichtet wird und der König in tödliche Erstarrung verfällt.

„Tragik" als „ausweglose Konfliktsituation"

Ein solcher alltagssprachlicher Gebrauch von „tragisch" im Sinne von ‚erschütternd' beschreibt jedoch nicht die spezielle Tragik, die das Wesen einer Tragödie ausmacht. Zumindest für die Zeit Schillers gehört zur Tragik nicht nur der erschütternde Ausgang. Der tragische Held muss in einer Konfliktsituation stehen, die ihm eine Entscheidung zwischen verschiedenen Werten oder Normen oder inneren Antrieben abverlangt, ohne dass ihm ein glücklicher Ausweg bliebe. Schiller selbst beschreibt in seinen kunsttheoretischen Arbeiten (die allerdings erst nach *Don Karlos* entstanden sind) den Menschen mit den Kategorien Kants als ein Wesen im Zwiespalt von sinnlicher Neigung und moralischer Pflicht. Als Gebiet der Tragik bezeichnet er alle Fälle, in denen eine Neigung einer Pflicht oder eine Pflicht einer anderen, höheren Pflicht aufgeopfert wird (*Über den Grund des Vergnügens an tragischen Gegenständen*, 1791).

Schillers Bedingungen für „Tragik"

Für Schiller gehört also zur Tragik, dass der tragische Held sich in einer Konflikt- oder Entscheidungssituation befindet, dass es für diesen Konflikt keinen glücklichen Ausweg gibt, dass der Held sich für die höherwertige Pflicht entscheidet und – das kommt noch als weitere Bedingung hinzu – dass er den Konflikt bewusst und mit Leidensdruck als Konflikt erlebt.

Nach dieser Definition ist tatsächlich keine der Gestalten in *Don Karlos* tragisch. Karlos steht am Ende in keiner Konfliktsituation mehr, er hat sich entschieden; und er müsste nicht einmal unglücklich enden, wenn er eine halbe Stunde früher abreisen würde. Auch Posa ist in keine Entscheidungssituation gestellt, die er als leidvollen Konflikt erlebt. Dass er den Freund wirklich verraten könnte, liegt ganz außerhalb seiner Denkmöglichkeiten; und ebenso wenig kommt ihm die Möglichkeit, auf Kosten seines Ideals das eigene Leben zu retten, als Alternative in den Sinn. Die Entscheidung für die Pflicht bringt ihn nie in innere Konflikte.

Fehlen der eigentlichen „Tragik" bei den Figuren in *Don Karlos*

Erst recht schließlich ist Philipps Verhärtung ins Unmenschliche nicht tragisch in Schillers Sinn. Dass er von Posas Verrat betroffen wird, ist ein Unglücksfall, aber nicht seine Entscheidung. Den Sohn zu opfern scheint ihm keine großen Qualen zu bereiten, sondern vielmehr seinem Rachebedürfnis zu entsprechen. Und wenn es für ihn am Schluss tatsächlich ein Opfer wäre, den Sohn zu verurteilen, so würde er die Liebe zum Sohn ja der Aufrechterhaltung des Despotismus opfern; und das wäre gewiss keine Entscheidung für eine höherwertige Pflicht.

Offensichtlich ist keine der Figuren in *Don Karlos* so angelegt, dass sie Schillers (späterem) Tragikbegriff entsprechen würde. Es wäre allenfalls zu überlegen, ob man den tragischen Konflikt statt in den Personen vielmehr in dem Konflikt von Idee und Realität sehen könnte. Doch von Tragik zu sprechen wäre eine sehr ungenaue und Schillers Theorie nicht gemäße Redeweise. Denn erstens fehlt bei einer „gesetzlichen Notwendigkeit" die Entscheidungsfreiheit, die die Voraussetzung eines inneren Konflikts ist; und zweitens, vor allem, fehlt der tragische Held, der die Konfliktsituation bewusst daran leidend durchlebt. Man wird also als Gattungsbezeichnung für *Don Karlos* bei Schillers „dramatischem Gedicht" oder bei „Drama" zu bleiben haben.

Geschichtsdrama oder historisches Ideendrama?

Einen historischen Stoff hatte Schiller schon zur Vorlage seines zweiten Dramas gewählt, der *Verschwörung des Fiesko zu Genua*. Zur Mannheimer Aufführung dieses Stücks schrieb er 1784 in einer „Erinnerung an das Publikum":

> „[…] eine einzige große Aufwallung, die ich durch die gewagte Erdichtung in der Brust meiner Zuschauer bewirke, wiegt bei mir die strengste historische Genauigkeit auf – Der Genueser Fiesco sollte zu meinem Fiesco nichts als den Namen und die Maske hergeben, das Übrige mochte er behalten." (Säkular-Ausgabe, Bd. 16, S. 44)

Don Karlos als Geschichtsdrama

Gemessen an diesem drei Jahre früher formulierten Programm, für das die Geschichte bloß Staffage ist, während es in Wahrheit um allgemein menschliche Gefühle geht, ist *Don Karlos* ein wirkliches Geschichtsdrama. Schiller folgt einer Quelle, die er für historisch zuverlässig hält; und trotz mancher Veränderungen, die er an den Fakten vorgenommen hat, ist die Atmosphäre und Situation des spanischen Hofs Philipps II. doch überzeugend getroffen; und getroffen ist auch der historische Konflikt zwischen dem Alten, der absoluten Universalmonarchie, und dem Neuen, der Revolution, die durch die (zuerst in den Niederlanden) aufkommende bürgerliche Ordnung in Bewegung gebracht wird.

Historischer Konflikt

Verknüpfung mit Ideen der Schiller-Zeit

> „Wesentlich […] ist, daß die im Drama sich entgegenstehenden Fronten nunmehr von geschichtlichen Sachverhalten nicht nur die Namen haben, sondern daß sie durch bestimmte, faßbare Gehalte politischer Art, die den geschichtlichen Streitpunkten mindestens entsprechen, voneinander geschieden sind. Allerdings steht nur das eine Lager, Absolutismus und Inquisition, völlig innerhalb des historischen Gesichtskreises. Das andere wird mit Kräften und Ideen besetzt, die in die Gegenwart des Dichters gehören. […] Der Streitpunkt, die Sache der Niederlande, verliert durch die Gleichsetzung mit den ‚Lieblingsgedanken' des Dichters und seiner Zeit das konkrete geschichtliche Gepräge: ‚Flandern' wird mehr und mehr zum Symbol, zur Devise der Vorwärtsstrebenden." (G. Storz, 1959, S. 129)

Später im *Wallenstein* allerdings geht Schiller noch einen Schritt weiter in Richtung des Geschichtsdramas, indem er an einem historisch exakt geschilderten Beispiel die Entscheidungssituation eines politisch handelnden Menschen, seinen inneren Konflikt zwischen den Notwendigkeiten der Realität und der Idee darstellt; er verdeutlicht hier also das philosophische Problem an einem historischen Fall. Dagegen ist in *Don Karlos* die Darstellung der historischen Situation den Schiller bewegenden philosophischen Ideen angepasst. Insofern sollte man das Drama vielleicht besser ein historisches Ideendrama als ein Geschichtsdrama nennen.

Vergleich mit *Wallenstein*

Don Karlos als historisches Ideendrama

Interpretationsansätze

Aufnahme des Stücks bei Erscheinen

Während Schillers Jugenddramen, besonders *Die Räuber* und *Kabale und Liebe*, teils begeisterte Zustimmung, teils aber auch empörte Ablehnung hervorgerufen hatten, wurde *Don Karlos* von der Kritik ziemlich einhellig freundlich aufgenommen (was sehr wesentlich mit der Abwendung von der revolutionären Formlosigkeit der Sturm-und-Drang-Dramen zusammenhängen dürfte). Die Buchausgabe wurde auch gut verkauft: Außer vier Nachdrucken der Erstausgabe von 1787 erschienen zu Schillers Lebzeiten noch fünf Neuauflagen. Dennoch weckte *Don Karlos* nirgends so leidenschaftliche Begeisterung wie etwa *Die Räuber*. Die politische Relevanz der Freiheitsidee, der Forderung nach Gedankenfreiheit, des Engagements für den Freiheitskampf eines Volkes gegen eine absolutistische Monarchie – die ganze politische Thematik wurde von den zeitgenössischen Rezensionen (zwei Jahre vor Ausbruch der Französischen Revolution!) erstaunlicherweise vollständig ignoriert. Das war natürlich zum Teil eine Folge der Pressezensur, der auch die Theaterkritiken unterlagen. Aber während in anderen Fällen doch versteckte Hinweise auf die politische Bedeutung eines Stücks oder einer Szene in einer Theaterkritik untergebracht werden konnten, beschränkten sich die Rezensionen von *Don Karlos* durchweg auf Technisch-Formales. Man verglich das Stück mit Schillers Quelle, der historischen Novelle von Saint-Réal; man notierte die Veränderungen gegenüber den *Thalia*-Vorabdrucken als Verbesserungen; man gab Charakteristiken der Gestalten und untersuchte sie auf ihre psychologische Stimmigkeit; und man rügte nicht selten die Handlungsführung im IV. Akt.

Nicht-Beachtung der politischen Brisanz

Die Schiller-Rezeption im 19. Jahrhundert

Im Verlauf des 19. Jahrhunderts war *Don Karlos* dann mitbetroffen von den verschiedenen Umwertungen, die für die Rezeption Schillers überhaupt charakteristisch sind. Dabei fällt auf,

> „daß in politisch bewegten Epochen der deutschen Geschichte größeres Interesse an Schiller herrschte als in ruhigeren Zeiten, in denen man sich gerne Goethe zuwandte. In den Kämpfen gegen Napoleon, in den

revolutionären Bewegungen vor 1848, im Kampf um die nationale Einigung bis 1870 diente Schiller der ideologischen Stärkung der Kämpfenden. Als das deutsche Bürgertum 1871 sein mit Schiller gegen die Regierungen erfochtenes Ziel der nationalen Einheit – auf republikanische Freiheit verzichtend – erreicht hatte, erstarrte ‚unser Schiller' zur leblos-unbrauchbaren Klassikerfigur, zum Bildungsbesitz, der der Kritik entzogen war [...]. Die kritischen Angriffe Nietzsches und der Naturalisten, die diesen Schiller vom Sockel zu stürzen versuchten – Angriffe, die mehr der schein-idealistischen bürgerlichen Schiller-Rezeption galten als Schiller selbst –, verhinderten nicht, daß der Wilhelminismus seinen Schiller für die Kriegsvorbereitung benutzte. Schiller überstand den Ersten Weltkrieg nicht – so schien es. Doch gerade die politische Desillusionierung bewirkte nach 1918 eine Wiederentdeckung des Republikaners Schiller [...]." (Becker, 1972, S. VIII f.)

Was speziell *Don Karlos* angeht, so blieb bei all diesen Umwertungen vor allem Marquis Posa mit seiner Forderung nach „Gedankenfreiheit" im allgemeinen Bewusstsein – sei es, dass man ihn als Vorkämpfer für republikanische Freiheit verehrte, sei es, dass man ihn als Phrasenhelden verspottete. Die fachspezifisch-germanistische Beschäftigung mit *Don Karlos* aber konzentrierte sich, wie schon die zeitgenössischen Rezensionen, auf Formales, wobei vor allem die Frage nach der thematischen Einheit im Zentrum stand. Richard Weißenfels fasste 1905 in der Einleitung der Säkular-Ausgabe die allgemein verbreitete Meinung so zusammen:

Die Frage nach der thematischen Einheit des *Don Karlos*

„Seit der Zeit seines Erscheinens ist um seine künstlerische Einheit gestritten worden. Man fand das Interesse nach zu vielen Seiten gerufen, zwischen zwei Helden geteilt, durch den breit ausgeschütteten Ideenreichtum abgelenkt von der Handlung. Schiller selbst verteidigte in seinen ‚Briefen' die Einheit des Werkes. [...] Er erklärt die politische Handlung für die Haupthandlung, der die Liebeshandlung und die Freundschaftshandlung untergeordnet seien. Das ist eine Konstruktion des Dichters von der zweiten Hälfte seines Dramas aus, die der ersten Hälfte Gewalt antut." (S. xxxvii f.)

Entgegen der hier zitierten Selbstdeutung Schillers haben Benno von Wiese 1959 in seinem Schiller-Buch und später vor allem Koopmann in seiner *Don Karlos*-Interpreta-

Koopmann (1979): *Don Karlos* – eine reine Familientragödie

tion von 1979 die These vertreten, dass *Don Karlos* ganz und ausschließlich eine Familientragödie sei und dass sich das Drama keineswegs im Laufe der Entstehung von einem „Familiengemälde" zu einem politischen Drama gewandelt habe. (Der Ausdruck „Familiengemälde" geht auf Schiller zurück, der am 7. 6. 1784 an Dalberg, den Intendanten des Mannheimer Theaters, schreibt: „Carlos würde nichts weniger sein als ein politisches Stück – sondern eigentlich ein Familiengemälde in einem fürstlichen Hause". Dabei dürfte es sich aber um eine taktische Schutzbehauptung Schillers handeln, um „den in Geschmacksfragen heiklen Intendanten für den neuen Stoff zu gewinnen", so Alt, 2000, Bd. 1, S. 436.)
Jedenfalls lässt sich die Deutung als Familientragödie nicht durchhalten, ohne dass man alles Politische ignoriert oder bagatellisiert. In der großen Posa-Szene III,10 erscheint für Koopmann die Freiheitsidee als recht überflüssiges Beiwerk; der Zuschauer soll die Sache ganz von Philipps Niveau aus betrachten: „Als Posa mit seinen Weltverbesserungsideen zum König kommt, führt Philipp ihn in die Familientragödie zurück […]. Damit ist alle Staatsphilosophie, die ohnehin überraschend und unmotiviert kam, auf das zurückgefallen, was das Drama von Anfang an bestimmte: auf die absurden, verqueren, unlösbaren Familienverhältnisse […]." (H. Koopmann, 1979, S. 101 f.)
Auch im V. Akt ignoriert dieser Ansatz alle politischen Akzentsetzungen. Die Großinquisitor-Szene, die verdeutlicht, dass es sich bei Philipps Verhärtung um eine prinzipielle Entscheidung handelt, kommt bezeichnenderweise bei Koopmann nicht vor. Vielmehr sieht er auch im Ausgang des Dramas nur die Familientragödie:

> „Das ist keine politische Tragödie, sondern eine menschliche, das Ende der natürlichen Sozialbindungen, die Umkehr der Familienordnung ins unsinnige Gegenteil: hier siegt die Ideologie über die Realität der familiären Strukturen, und der Weltbefreiung haftet zugleich etwas von Weltzerstörung an. Das Ende des Dramas bestätigt es." (Ebd., S. 103)

Diese einseitige Festlegung auf die Familientragödie steht heute recht vereinzelt da (auch Koopmann selbst spricht später [1988, S. 48] sehr viel zurückhaltender von einem

„Familiendrama, das sich zur Staatstragödie wandelt"). Die allgemeine Tendenz geht gegenwärtig dahin, „die Synthese der widerstreitenden Aspekte des Dramas zu suchen" (R. Zymner, 2002, S. 72). So formuliert Alt 2000 in seinem großen Schiller-Buch:

Synthese widerstreitender Aspekte

> „Tatsächlich zeigt sich das Trauerspiel durch zahllose Konfliktlinien bestimmt, die auf verschiedene intellektuelle Ausgangspunkte zurückweisen. Ihr gemeinsames Kennzeichen bleibt jedoch, daß sie das Feld der Politik kreuzen oder zumindest berühren. Die individuellen Verstrickungen, denen Karlos, Posa, Philipp, Elisabeth und die Eboli unterliegen, entstehen aus der Ordnung der Macht, die Schiller als unverrückbares Gefüge mit massivem Einfluß auf den Menschen darstellt."
> (P.-A. Alt, 2000, Bd. 1, S. 440)

Bei der „Synthese der widerstreitenden Aspekte" erhält hier – wie meistens – der politische Aspekt eine besondere Gewichtung.
Böckmann, der seine Deutung seit 1955 in verschiedenen Arbeiten vorgetragen hat, sucht den Angelpunkt des Geschehens in dem Wechselbezug von individuellem Fühlen und geschichtlichen Zwängen und verwirft die Annahme, dass sich Liebeshandlung und politische Handlung voneinander trennen ließen.

Böckmann (seit 1955): Wechselbezug von Liebe und politischen Zwängen

Sind hier die beiden Aspekte noch in etwa ausgeglichen, so hat Jöns 1977 eine ganz entschlossen auf das Politisch-Historische bezogene Interpretation des Stücks vorgelegt:

Jöns (1977): *Don Karlos* – ein eindeutig politisches Drama

> „Trotz der privaten Problematik der einzelnen Personen ist der *Don Carlos* keine bloße fürstliche Familientragödie, sondern ein politisches Drama, und zwar in dem Maße, wie ein utopisches Ziel zum Movens politischer Aktivität wird. […] Das Anliegen des Marquis Posa, des eigentlichen Helden, zielt […] auf die Reform oder auch auf den Umsturz eines despotisch regierten Staates zugunsten einer liberalen Verfassung oder zumindest Regierungsweise." (D. Jöns, 1977, S. 82)

Im Gegensatz zu Koopmann, nach dessen Meinung Schiller sich „um die historischen Realitäten nicht sonderlich stark gekümmert" habe (S. 99), betont Jöns die Historizität des Stücks: Im Vergleich zu den früheren Dramen Schillers nehme

Historizität des Stücks

„die politische Wirklichkeit im *Don Carlos* in jeder Hinsicht größere Dimensionen an: Die Despotie ist die des Weltreichs Philipps II. unter der Oberhoheit einer nur noch in der Inquisition sich verkörpernden, abgesunkenen Kirche; die republikanische Idee der Freiheit konkretisiert sich zwar politisch in dem Aufstand der Niederlande, ist jedoch nach Schillers eigener Interpretation in den *Briefen über Don Carlos* als ein ‚enthusiastischer Entwurf, den glücklichsten Zustand hervorzubringen, der der menschlichen Gesellschaft erreichbar ist', zu verstehen und tendiert als Ideal zu politischer Universalität [...].
Dieser Ansatz hat Konsequenzen. Dazu gehört die Tatsache, daß die despotische Herrschaft Philipps nicht mehr schlichtweg als tyrannische Willkür zu definieren ist, auch wenn einzelne seiner Handlungen so aussehen mögen. Das ist ein wesentlicher Unterschied zu den früheren Dramen. Was Schiller jetzt darstellt, ist ein mit Zügen des totalitären Staates ausgestattetes Herrschaftssystem. [...] Schiller läßt dies Verhalten des Königs nun auch nicht mehr in jener Lust an der Macht und jenem Egoismus wurzeln [...], der sonst seine literarischen Tyrannen ausgezeichnet hat. Philipp handelt aus der Verantwortung seines Amtes, das die Erhaltung des Reichsbestandes und der bestehenden Ordnung verlangt. Die völlige Unterordnung seines Denkens und Handelns unter dies Prinzip der Staatsräson hat ihn von allem Menschlichen entfremdet und vereinsamt, bis in einem kritischen Augenblick in ihm die Sehnsucht nach einem Menschen aufkommt, den er dann in der Person des Marquis Posa gefunden zu haben glaubt." (D. Jöns, 1977, S. 82 f.)

Nach diesem Ansatz wären die anderen Themen nur Funktionen des Politischen. Der Vater-Sohn-Konflikt etwa wäre als ein exemplarischer Fall des Zusammenpralls zwischen alter und neuer Ära zu werten, die Freundschaft viel eher ein Politikum (im Sinne der „Brüderlichkeit" der Französischen Revolution) als ein privater Seelenzustand usw.

Die Frage nach der Beurteilung des Marquis Posa

Für jede Interpretation, die von der politischen Dimension des *Don Karlos*-Dramas ausgeht, ist die Frage nach der Beurteilung des Marquis Posa von zentraler Bedeutung. Lange galt er als der eigentliche positive Held des Stücks. Weißenfels in der Säkular-Ausgabe etwa sah in ihm den als Gestalt zwar blassen, seinem Wollen nach aber makellosen Vertreter der Humanitätsidee; diese um 1905 typische Deutung wirkt heute so altertümlich wie die Diktion, in der sie vorgetragen wird:

Die alte Auffassung: Posa als makelloser Idealist

> „Neben Lessings *Nathan* und Goethes *Iphigenie* steht der *Don Carlos* am Eingang der neuen Periode [der Humanitätsepoche unserer klassischen Literatur]; schon ein zeitgenössischer Rezensent stellte die drei Dramen als ein ‚vortreffliches Kleeblatt' zusammen. Durch alle drei schreitet das Humanitätsideal, der Glaube an ein reines, freies und schönes Menschentum, zu dem die ganze höhere europäische Kultur damals hinstrebte. In der *Iphigenie* ist dieses Menschentum das persönliche Wesen der Heldin […], im *Nathan* betätigt es sich als Toleranz in der religiösen Welt, im *Don Carlos* griff es auch auf das politische Gebiet über und ward als Grundlage wie Ergebnis eines neuen freien und glückseligen Zustandes der menschlichen Gesellschaft enthusiastisch verkündigt, zwei Jahre vor der Erklärung der Menschenrechte in Frankreich. Neben die gelassene Iphigenie, den weisen Nathan trat der feurige Marquis Posa. Wie muß seine fortreißende Beredsamkeit auf die damals junge Generation gewirkt haben." (R. Weißenfels, 1905, S. xxxvi)

Nach dem Zweiten Weltkrieg häufen sich dann jedoch die Interpretationen, die das Handeln Posas skeptisch sehen und dem Idealisten vorhalten, seine Idee mit despotischen Mitteln durchsetzen zu wollen. Diese Wertung vertrat Storz 1959 in seinem Schiller-Buch (besonders S. 144 ff. „Der Fanatiker und sein Opfer"); noch entschlossener und schärfer Jöns in seinem Aufsatz von 1977.

Kritische Umwertung nach 1945: Das Despotische an Posas Idealismus

Die kritische Beurteilung Posas, zunächst heftig umstritten, ist heute weitgehend akzeptiert. Sie erscheint beispielsweise in den beiden großen Schiller-Büchern der letzten Jahre. Safranski schreibt 2004:

> „Der Marquis Posa wird für Friedrich Schiller eine Figur, mit der er sich in die verborgene Herzkammer der Geschichte vortastet. In den Widersprüchen des Marquis Posa antizipiert er eine Dialektik der Aufklärung: die Verwandlung von Vernunft in den Terror der Menschheitsbeglückung, eine Dialektik, die wenig später in der Französischen Revolution wirklich wird." (R. Safranski, 2004, Bd. 1, S. 237)

> „Mit der Figur des Marquis Posa hat Friedrich Schiller drei Jahre vor der Revolution die Abgründe der revolutionären Moral aufgedeckt." (Ebd., S. 256)

Und Alt kommentiert Posas Verse 3245 ff. in III,10 (die neben dem intrigierenden Handeln des Marquis die Hauptstütze der Anklage sind):

Sympathie mit dem Kalkül der Macht

> „In Posas Skizze eines Eroberungskriegs der Freiheit tritt deutlich die Sympathie mit dem Kalkül der Macht zutage. Die Attitüde des Herrschers, der sich nicht auf Siege im Reich des Geistes beschränken mag, bestimmt auch die späteren Unternehmungen des Marquis. Die Aufrüstung des Ideals trägt freilich zweifelhafte Züge, weil sie jenen Despotismus fortzuzeugen droht, dem der politische Visionär zuvor den Kampf ansagte.
> Am Ende seiner Rede hat der Marquis in Gedanken die Rolle des Souveräns übernommen. […] Was den Marquis antreibt, ist das versteckte Streben nach Macht, das sich durch die moralische Überlegenheit des sittlich sanktionierten Ordnungsdenkens gerechtfertigt glaubt. Vergleiche mit den Helden des Frühwerks drängen sich auf, Bezüge zu Karl Moors Selbsthelferanspruch, Fieskos Despotismus, Ferdinands Schöpferhybris." (P.-A. Alt, 2000, Bd. 1, S. 450 f.)

Die Illuminaten – „Brüder des Marquis Posa"

Gefördert wurde die Umwertung Posas durch die 1996 erschienene Arbeit von Schings mit dem bezeichnenden Titel *Die Brüder des Marquis Posa*. Die Illuminaten, um die es hier geht, waren ein Geheimbund, der aufklärerische Ziele und (im Unterschied zu den im Prinzip ähnlichen Freimaurern) politische Reformen verfolgte. Die bayerische Landesregierung verbot 1785 den Orden und ließ die konfiszierten „Originalschriften des Illuminatenordens" zu Dokumentationszwecken drucken. Dabei wurden die fragwürdigen Züge dieser Aufklärer deutlich, die eine Reform von oben und die Herrschaft einer selbsternannten Elite anstrebten und dabei vor bedenklichen Mitteln nicht zurückschreckten. Schiller hat am Anfang des zehnten seiner *Briefe über Don Carlos* den Marquis mit den Illuminaten verglichen (mit dem Zusatz, dass er selbst nicht zu diesem Orden gehöre); er weist damit also auf das damals höchst aktuelle Thema einer verordneten Emanzipation hin.
Zwischen den Vertretern einer kritischen Bewertung

Posas bestehen aber weiterhin gravierende Differenzen, was den Ausgang des Dramas angeht. Malsch gibt 1988 folgende Zusammenfassung der Dramenstruktur:

Kontroverse über den Ausgang des Dramas

> „Die einander entgegengesetzte Weise, wie unter den beiden Freunden das republikanische Ideal ‚*in Konflikt mit der Leidenschaft erscheint*' [Ende des 8. *Briefs*], gliedert das Drama. In den ersten beiden Akten ist es die unglückliche Liebesleidenschaft des Prinzen, welche die mit der ‚Menschheit' solidarische Seite, im dritten und vierten die sich in ‚Schwärmerei' versteigende und schließlich in Fanatismus ausartende politische Leidenschaft des Marquis, welche die personale Seite ihrer Freundschaft veruntreut. Dem Reifungsprozeß des Don Karlos entspricht die Selbstreinigung Posas in den Abschiedsszenen [...]. Jeder von ihnen findet für sich allein das von ihm Veruntreute wieder, Karlos (IV,13) die philanthropische, Posa (IV,21) die personale Bestimmung der Freundschaft, ehe beide in ihrer großen Anagnorisis im Kerker zueinander zurückfinden (V,1–3). Der ‚neue Staat', das Zugleich des personalen und mit der Menschheit solidarischen Gehalts ihres republikanischen Ideals ist unter ihnen gegenwärtig." (W. Malsch, 1988, S. 226)

Selbstreinigung Posas?

Und zu der Selbstreinigung, um die es hier geht, zitiert er Martini (1973):

> „Posa reinigt sich in der Selbstanklage von seiner Hybris, er verzichtet auf seine Liebe zu Elisabeth, er opfert sich für den Freund und gibt an ihn das kühne Traumbild des neues Staates weiter. Er gewinnt, indem er sich so entäußert, jene Fassung, die in Schillers Drama stets Zeichen der erhabenen Entscheidung ist." (Ebd., S. 226, Anm. 25)

Gegen diese verbreitete Deutung des Dramenschlusses hat sich vor allem Wittkowski (1990) im Anschluss an seine Schülerin Stephanie Kufner (1988) energisch engagiert. Was Posa mehr als alles belaste, sei

> „nämlich nicht Posas Vergehen selbst, sondern seine rückspiegelnde Reflexion darauf im alles entscheidenden Abschiedsgespräch. Hier verklagt Posa sein vorübergehendes Vorhaben, den neuen Staat schon durch den gegenwärtigen König zu verwirklichen, und daß er diesen Verrat an Karlos vor dem Freund verschwieg, als seine ‚große Übereilung' (V. 4642). [Aber bei den Interpreten]

Bagatellisiert Posa seine „Übereilung"?

> kein Wort, wie sehr Posa mit solcher Untertreibung von seinem Vergehen ablenkt, es bagatellisiert und derart sein Ego, sein Gewissen schont." (W. Wittkowski, 1990, S. 385)

Wittkowski zitiert Schillers zweiten *Brief über Don Carlos*:

> „Alle Grundsätze und Lieblingsgefühle des Marquis drehen sich um republikanische Tugend. Selbst seine Aufopferung für seinen Freund beweist dieses, denn Aufopferungsfähigkeit ist der Inbegriff aller republikanischen Tugend."

Dazu kommentiert er:

Posas Bedürfnis nach Selbständigkeit und Größe

> „Also nicht der Staatsentwurf oder der Freund sind Hauptgegenstand seines Denkens. Um Posa zu verteidigen, preisen Malsch und andere, wie eng er Freundschaft mit Politik verbindet – womit sie nur Schillers Verdikt bestätigen, Posa brauche und gebrauche den Freund für seine Politik. Um so schlimmer [...] für diese, für die Sache. Das Republikanische spricht eben vor allem sein Bedürfnis nach Selbständigkeit und Größe an. Es dient ihm als willkommener Anlaß, sie zu bewähren. Wahrhaftig hat demnach die ‚Tugend eignen Wert' für ihn und ist seiner ‚Taten Endzweck' (III,10). Jeder sehe ja, schreibt Schiller im *12. Brief*, ‚daß seine ganze Phantasie von Bildern romantischer Größe angefüllt und durchdrungen ist, daß die Helden des Plutarch in seiner Seele leben.' Daraus ergibt sich das Motiv seines letzten Schritts: ‚Er hüllt sich in die Größe seiner Tat, um keine Reue darüber zu empfinden.'
> Er verhüllt dabei auch die Wahrheit, also ein wesentliches Grundprinzip der Freundschaft wie des neues Staates. [...] Zugleich vertauscht er [...] Intentions- und intendierten Wert. In Schillers Perspektive, die sich damit als eminent ethische bewährt, stellt das eine fundamentale ethische Verkehrung dar und einen weiteren, subtilen Verrat an Karlos. Posa gebraucht ihn ja damit erneut als Mittel, und diesmal vor allem zur Vergrößerung seines Ichs. Womit er zugleich abermals ihre Sache hintanstellt." (W. Wittkowski, 1990, S. 389 f.)

Dieser Deutung schließt sich auch Alt an:

> „Auch das Selbstopfer, mit dem Posa den Verdacht von Karlos abzulenken sucht, rückt derart ins Zwielicht (IV, 21). […] Ähnlich wie sein taktisches Vorgehen erzeugt […] die schnell beschlossene Märtyrertat den Eindruck der Zweideutigkeit. Die Königin, der Posa seine letzten Schritte erklärt, zweifelt zu Recht an der vollkommenen Lauterkeit seiner Absichten: ‚Mögen tausend Herzen brechen, / was kümmert Sie's, wenn sich Ihr Stolz nur weidet! / O jetzt – jetzt lern' ich Sie verstehn: Sie haben / nur um Bewunderung gebuhlt.' (V. 4383 ff.) Der Vorwurf, der hier zur Sprache kommt, gilt nicht allein dem grellen Pathos von Posas Selbstbezichtigung, vielmehr auch den Antrieben, die sein früheres Handeln bestimmten. Nicht Idealismus, sondern Machtlust erscheint jetzt als Feder, die sein Vorhaben auf das große Ziel spannte. Vergleichbare psychologische Befunde lieferten schon die *Räuber* und der *Fiesko*. ‚Groß-Mann-Sucht' und das Streben nach ‚Bewunderung' treibe ihn zum Selbstopfer, so erklärt verbittert einer von Karl Moors Männern, nachdem der Held angekündigt hat, er werde sich der Justiz ausliefern." (P.-A. Alt, 2000, Bd. 1, S. 454 f.)

Zweideutigkeit von Posas Selbstopfer

Doch unabhängig davon, ob man Posa späte Einsicht und Reue zubilligt oder nicht, bleibt bestehen, was die Problematik dieser schillernden Gestalt auch heute interessant und aktuell macht:

> „Posa, die vom Geist der Aufklärung, insbesondere von Ideen des Illuminatenordens bestimmte Kunstfigur Schillers, vereinigt in sich die hochfliegende Theorie zur Verbesserung der Welt und die klägliche Praxis – aller Zeiten." (N. Oellers, 2005, S. 287 f.)

Aller Zeiten!

Literaturhinweise

Textausgaben

Schiller, Friedrich: Sämtliche Werke, Säkular-Ausgabe. Bd. 4: *Don Carlos*. Mit Einleitung und Anmerkungen von Richard Weißenfels. Stuttgart/Berlin [1905].
– Briefe über Don Carlos. In: F. Sch.: Sämtliche Werke. Auf Grund der Originaldrucke hrsg. von Gerhard Fricke und Herbert G. Göpfert. Bd. 2. München [7]1985. S. 225–267.

Sekundärliteratur

Alt, Peter-André: Schiller. Leben – Werk – Zeit. 2 Bde. München 2000. [Zu *Don Karlos* Bd. 1, S. 433–465.]
Becker, Eva D.: Schiller in Deutschland 1781–1970. Materialien zur Schiller-Rezeption, für die Schule herausgegeben. Frankfurt a.M. / Berlin / München 1972. (Texte und Materialien zum Literaturunterricht.)
Beyer, Karen: Staatsraison und Moralität. Die Prinzipien höfischen Lebens im *Don Carlos*. In: Schiller und die höfische Welt. Hrsg. von Achim Aurnhammer, Klaus Manger und Friedrich Strack. Tübingen 1990. S. 359–377.
Böckmann, Paul: Politik und Dichtung im Werk Friedrich Schillers. Festvortrag, gehalten bei der Schillerfeier der Universität Heidelberg am 9. 5. 1955. Heidelberg 1955.
– Schillers *Don Karlos*. Die politische Idee unter dem Vorzeichen des Inzestmotivs. In: Friedrich Schiller. Kunst, Humanität und Politik in der späten Aufklärung. Ein Symposium. Hrsg. von Wolfgang Wittkowski. Tübingen 1982. S. 33–47.
Darsow, Götz-Lothar: Friedrich Schiller. Stuttgart/Weimar 2000. (Sammlung Metzler.)
Fischer-Lichte, Erika, unter Mitarbeit von Wolf-Ulrich Haentsch: Friedrich Schiller. *Don Carlos*. Frankfurt a.M. 1987. (Grundlagen und Gedanken zum Verständnis des Dramas.)
Guthke, Karl S.: Schillers Dramen: Idealismus und Skepsis. Tübingen/Basel 1994.
Hofmann, Michael: Schiller. Epoche – Werk – Wirkung. München 2003. (Arbeitsbücher zur Literaturgeschichte.)
Jöns, Dietrich: Das Problem der Macht in Schillers Dramen. In: Karl Otto Conrady (Hrsg.): Deutsche Literatur zur Zeit der Klassik. Stuttgart 1977. S. 76–92.
Koopmann, Helmut: *Don Karlos*. In: Walter Hinderer (Hrsg.): Schillers Dramen. Neue Interpretationen. Stuttgart 1979. S. 87–108.
– Schiller. Eine Einführung. München/Zürich 1988.
– (Hrsg.): Schiller-Handbuch. Stuttgart 1998.
– Forschungsgeschichte. In: H. K. (Hrsg.): Schiller-Handbuch. S. 809–932.
Korff, H. A.: Geist der Goethezeit. Bd. 2: Klassik. Leipzig [6]1962.
Kufner, Stephanie: Utopie und Verantwortung in Schillers *Don Carlos*. (Mit Diskussion.) In: Verantwortung und Utopie. Zur Literatur der Goethezeit. Ein Symposium. Hrsg. von Wolfgang Wittkowski. Tübingen 1988. S. 238–255.
Luserke-Jaqui, Matthias: Friedrich Schiller. Tübingen/Basel 2005.
– *Don Karlos – Briefe über Don Karlos*. In: Schiller-Handbuch. Leben – Werk – Wirkung. Hrsg. von M. L.-J. Stuttgart/Weimar 2005. S. 92–109.

Malsch, Wilfried: Moral und Politik in Schillers *Don Karlos*. (Mit Diskussion.) In: Verantwortung und Utopie. Zur Literatur der Goethezeit. Ein Symposium. Hrsg. von Wolfgang Wittkowski. Tübingen 1988. S. 208–237.

Mönig, Klaus: Despotismus und Freiheit. *Don Karlos*. In: Schiller. Werkinterpretationen. Hrsg. von Günter Sasse. Heidelberg 2005. S.57–83.

Oellers, Norbert: Schiller. Elend der Geschichte, Glanz der Kunst. Stuttgart 2005.

Pilling, Claudia / Schilling, Diana / Springer, Mirjam: Schiller. Reinbek bei Hamburg 2002. (Rowohlts Monographien.)

Pörnbacher, Karl: Friedrich Schiller, *Don Karlos*. Erläuterungen und Dokumente. Bibliographisch ergänzte Ausg. Stuttgart 2002. (^{1}1982.)

Reinhardt, Hartmut: *Don Karlos*. In: Helmut Koopmann (Hrsg.): Schiller-Handbuch. Stuttgart 1998. S. 379–394.

Safranski, Rüdiger: Schiller oder Die Erfindung des Deutschen Idealismus. 2 Bde. München/Wien 2004.

Schafarschik, Walter: Friedrich Schiller. Stuttgart 1999. (Literaturwissen für Schule und Studium.)

Schings, Hans-Jürgen: Die Büder des Marquis Posa. Schiller und der Geheimbund der Illuminaten. Tübingen 1996.

Storz, Gerhard: Der Dichter Friedrich Schiller. Stuttgart 1959.

Ueding, Gert: Friedrich Schiller. München 1990.

Wiese, Benno von: Friedrich Schiller. Stuttgart ^{4}1978. (^{1}1959.)

Wittkowski, Wolfgang (Hrsg.): Verantwortung und Utopie. Zur Literatur der Goethezeit. Ein Symposium. Tübingen 1988.

– Höfische Intrige für die gute Sache. Marquis Posa und Octavio Piccolomini. In: Schiller und die höfische Welt. Hrsg. von Achim Aurnhammer, Klaus Manger und Friedrich Strack. Tübingen 1990. S. 378–397.

Wölfel, Kurt: Friedrich Schiller. München ^{2}2005. (dtv portrait.)

Zymner, Rüdiger: Friedrich Schiller. Dramen. Berlin 2002. (Klassiker-Lektüren.)

Prüfungsaufgaben und Lösungen

1 Die Freunde Karlos und Posa

2 Karlos und Elisabeth

3 König Philipp und Königin Elisabeth

4 Folgen der Vater-Sohn-Begegnung

5 König Philipp und Marquis Posa vor der Audienz-Szene

6 Marquis Posa

7 Karlos' Anklage gegen den mörderischen König

8 Tragik der Hauptfiguren

1 Die Freunde Karlos und Posa

Vorliegende Szene: *Don Karlos* I,2

Aufgabenstellung

1. In welcher Situation und Verfassung befindet sich Karlos? Was erwartet er von dem Freund?
2. Wie tritt Posa dem Freund am Anfang der Szene (V. 128–180) gegenüber?
3. Wie verhält sich Posa am Ende der Szene (V. 357–385) zu seinem Freund? Welche Folgen hat sein Eingreifen?

Lösungsvorschläge

(1)
- Karlos befindet sich durch seine unselige Liebe zur Mutter in einem seelischen Tief. Seine Verzweiflung zeigt sich in seiner völligen Rat- und Hilflosigkeit, aber auch darin, dass er alle seine früheren Ideale (die er einst mit Posa geteilt hat) aufgegeben hat; sie sind für ihn jetzt nur noch ‚kindische (wenn auch göttlich schöne) Träume'. Die Ideale sind zurückgetreten hinter dem Ich: Bei dem Stichwort „Brüssel" (V. 139) denkt Karlos nicht an Freiheit für Flandern (wie er es früher getan hat und später wieder tun wird), sondern er deutet die Ankunft des Freundes als speziell für ihn von der göttlichen Vorsehung eingerichtete Fügung.
- Zu der ichbezogenen Emotionalität von Karlos' Stil (emotional z. B. durch die Wortwiederholungen V. 130, 182 f., 186) bildet die sachliche Antwort Posas (V. 145 ff.) einen Kontrast, der nicht nur den gegenwärtigen Gegensatz ihrer Wünsche zeigt, sondern auch eine gewisse Distanz in der Art der beiden Freunde verrät.
- Karlos erwartet von dem Freund Trost und seelische Stärkung; reale Hilfe ist ja, wie er selbst einsieht, nicht möglich (V. 272 ff.). Freundschaft ist für ihn eine Seelengemeinschaft.

(2)
- Posa dagegen tritt auf als „Abgeordneter der ganzen Menschheit", d. h. als Vertreter des (früher gemeinsamen) Freiheitsideals, das im Stück als Rettung Flanderns vor dem Fanatismus Albas konkretisiert wird. Er erscheint als Gesinnungsgenosse, nicht als Gleichfühlender. Die Formulierung, jetzt sei er nicht „des Knaben Karlos Spielgeselle", zeigt eine Distanz zu Karlos' psychischen Problemen, verrät auch ein Gefühl der Überlegenheit.
  Posas Haltung ist am Anfang streng und fordernd; offenbar glaubt er, durch ein energisches Wort den Freund zu seiner Pflicht, d. h. zur Verteidigung der Freiheitsidee zurückholen zu können.

(3)

- Durch Karlos' Bitten und durch seine Beschwörung der gemeinsamen Jugend wird Posa ‚gerührt' (nach V. 190), bleibt aber weiterhin gegenüber der Emotionalität des Freundes sehr sachlich.
  Am Ende der Szene (ab V. 357) hat Posa den Entschluss gefasst, Karlos zu helfen, und zwar konkret – nicht nur, indem er ihn ‚an seinem Herzen weinen' lässt. Er beginnt sofort, für den Freund zu planen; er ist jetzt der Führer, dem Karlos sich anvertrauen soll: Ausdrücklich bittet er Karlos, nichts ohne den Freund zu unternehmen. ‚Freundschaft' ist für ihn konkreter, praxisbezogener als für Karlos.
- So arrangiert er für Karlos ein Treffen mit Elisabeth (I,4 f.) – offenbar weil er sich sicher ist, dass die Begegnung mit ihr Karlos am besten zur Vernunft bringen wird, dass sie seine verirrte Liebe zur Mutter umwandeln kann in die Liebe zu seiner Aufgabe, zu Flandern. Das gelingt ihr auch; allerdings bleibt Karlos' Haltung weiterhin viel emotionaler geprägt als die seines rational denkenden Freundes: „Flandern sei gerettet. / Sie will es – das ist mir genug" (V. 899 f.). Das macht ihn anfällig für den Rückfall im II. Akt.
- Weil Posa die so stark vom Gefühl des jeweiligen Augenblicks bestimmte Unzuverlässigkeit des Freundes kennt, nimmt er ihm das Versprechen ab, nichts ohne ihn zu unternehmen. Karlos bricht dies Versprechen zweimal, und beide Male mit fatalen Folgen. Im II. Akt folgt er der vermeintlich von Elisabeth stammenden Einladung zum Rendezvous ganz unbedacht, obwohl er wissen müsste, dass eine solche Einladung nicht von der Elisabeth stammen kann, die er in I,5 kennengelernt hat. Das führt zu der Eboli-Intrige und weiter zu der Eifersuchtstragödie. Und dass er in verzweifelter Besorgnis über das Schicksal der Mutter sich dann noch einmal der Prinzessin Eboli anvertraut (IV,15–17), zwingt Posa zu seiner Verhaftung und führt damit zu Posas Tod und zu der ganzen Katastrophe des Schlusses.

2 Karlos und Elisabeth

Vorliegende Szene: *Don Karlos* I,5

Aufgabenstellung

1. Erläutern Sie Karlos' Situation; klären Sie Voraussetzungen und Zusammenhang der vorliegenden Szene.
2. Analysieren Sie, ausgehend von der vorliegenden Szene, Karlos' Charakter, Elisabeths Haltung und ihren Auftrag an Karlos.
3. Warum hat Posa diese Begegnung vermittelt?

Lösungsvorschläge

(1)

- Karlos hat sich ganz verschlossen, um seine unglückliche Liebe zur Königin, seiner (Stief-)Mutter, zu verbergen. Er hat niemand, dem er sich anvertrauen kann; er weiß sich vom ganzen Hof beargwöhnt. Erst als sein Jugendfreund Posa von langen Reisen zurückkehrt, findet er einen Vertrauten, dem er von seiner Liebe sprechen kann.
- Posa ist mit ganz anderen Absichten zu Karlos gekommen – nicht als „des Knaben Karlos Spielgeselle", sondern als „Abgeordneter der ganzen Menschheit", als Verfechter der Freiheitsidee und konkret als Vertreter der flandrischen Provinzen, deren Freiheit Karlos retten soll (V. 156 ff.). Trotzdem ist Posa erstaunlicherweise bereit, ein Treffen zwischen Karlos und der Königin herbeizuführen.

(2)

- Die Szene – von Karlos' Seite aus eine Liebesszene – ist naturgemäß sehr emotional; die starke Gefühlsbestimmtheit ist aber auch sonst für Karlos charakteristisch. Sprachlich äußert sich die Leidenschaftlichkeit zum Beispiel in den mehrfachen Wortwiederholungen („Sie sind für mich dahin – dahin – dahin –", V. 747), wobei die Eindringlichkeit noch durch Anaphern gesteigert sein kann („Weil es Ihr Herz, weil es ihr Eid verbietet? / […] / Weil es Ihr Eid, weil es Ihr Herz verbietet?", V. 715 ff.). Übrigens ist in dieser Szene die Sprache Elisabeths ähnlich: Beide vertreten gegenüber der Enge am spanischen Hof die Freiheit des Gefühls. Den Konflikt mit der harten, despotischen Haltung König Philipps zeigen die Verhör-Szene I,6 und die Karlos-Audienz II,2.
- Doch bei Karlos sprengt die Leidenschaftlichkeit bisweilen jeden vernünftigen Rahmen. Charakteristisch für ihn sind die jähen Gefühlsumschwünge. V. 638 ff. ist er entschlossen, zu bleiben, bis man ihn „aufs Blutgerüste" reißt; aber im nächsten Augenblick will er forteilen. Genauso am Schluss der Szene:

Zuerst: „Ich bleibe!“, und unmittelbar darauf: „Fort, fort!“. In beiden Fällen denkt er in seiner Impulsivität nur an sich; die Königin muss ihn erst darauf aufmerksam machen, dass er durch sein Handeln auch sie vernichten würde. – In dieser Szene erreicht Karlos' egoistische Gefühlsbestimmtheit einen negativen Höhepunkt, als er aus dem Gegensatz zu Philipps Härte und Lieblosigkeit sein Recht auf Elisabeth ableiten will.

- Karlos' Unbedachtheit, seine emotionale Unstetigkeit, erweist sich für die Handlung als verhängnisvoll. Nachdem er Elisabeth ewiges Verstummen seiner Liebe geschworen hat (V. 796 ff.), glaubt er im II. Akt, als er (von der Prinzessin Eboli) die Einladung zum Rendezvous bekommt, sofort wieder an die Möglichkeit einer Erfüllung seiner Liebe – und setzt dadurch die Eifersuchtstragödie in Gang.
- In Elisabeth gestaltet Schiller eine Freiheit des Fühlens und Denkens, die sich nicht wie bei Karlos ins Maßlose verliert, sondern an Tugend und Pflicht festhält. Sie vereint in idealer Weise Freiheit und Maß; deshalb ist sie geeignet, Karlos' überschäumende Leidenschaftlichkeit zu bändigen (in dieser Szene: ihn von seinen unsinnigen und unsittlichen Wunschphantasien zurückzurufen).
- Elisabeth ist aber auch eine Anhängerin der politischen Freiheitsidee; Posa weiß in ihr eine Verbündete (IV,21). Sie versucht Karlos' ‚zur Mutter verirrte‘ Liebe umzuleiten zur Liebe zu seinen künftigen Reichen (V. 781 ff.); und sie übergibt ihm am Schluss der Szene Briefe aus den Niederlanden, die ihn zum Handeln im Sinne Posas auffordern sollen.

(3)

- Posa geht davon aus, dass Karlos durch die Begegnung mit Elisabeth am besten die ‚Verirrtheit‘ seiner Liebe begreifen wird; er kennt Elisabeths Charakter und weiß, dass sie die geeignete Erzieherin für Karlos sein kann.
- Später in IV,21 (V. 4325 ff.) gibt Posa gegenüber Elisabeth zu, dass es in der Tat sogar sein Plan war, Karlos durch die Liebe zu Elisabeth zu einer reinen Liebe zur ganzen Menschheit weiterzuleiten.

3 König Philipp und Königin Elisabeth

Vorliegende Szene: *Don Karlos* I,6

Aufgabenstellung

Analysieren Sie, ausgehend von der Szene I,6,

1. Haltung und Charakter des Königs,
2. Haltung, Charakter und Grundeinstellung der Königin.

Lösungsvorschläge

(1)

- Der König trifft Elisabeth in I,6 allein, ohne ihre Damen, da sie diese für die Begegnung mit Karlos entfernt hat. Über diesen Bruch der Etikette ‚verwundert' (oder eher entrüstet), unterzieht er die Königin einem ‚Verhör' – „in Gegenwart / Der Höflinge, auf Delinquentenweise", wie sie ihm später vorhält (V. 3732 f.). Er lässt sie aber kaum zu Wort kommen (V. 810 f.), treibt die Untersuchung weiter und ordnet schließlich die Verbannung der Marquisin von Mondekar an, ohne ihr Gelegenheit zur Rechtfertigung zu geben.
  Dieser Eingang der Szene zeigt den König in der für ihn (über große Strecken des Dramas) typischen Art: majestätisch, unnahbar, unzugänglich und hart. So hat ihn Karlos schon als Kind erlebt (I,2,306 ff.). Und so herzlos springt er mit seinen wichtigsten Dienern um: mit Alba (II,3), mit Alba und Domingo (III,3 f.); und mit Alba (IV,11 f.) so schroff, dass sogar Posa für ihn eintritt.
- Als die Königin sich prononciert und ebenso öffentlich von Verhalten und Urteil ihres Gemahls distanziert und sich freundlich der Mondekar zuwendet, zeigt sich eine andere Möglichkeit in Philipps Charakter (V. 845 ff.): Er reagiert nicht, wie man denken könnte, schroff oder erzürnt, sondern „in einiger Bewegung"; für ihn sollte sein Verhalten ein Ausdruck seiner „Liebe" sein (nicht Empörung über den Bruch der Etikette). Er besitzt also die Möglichkeit größerer Offenheit. Das wird sich zuerst nach der Karlos-Audienz, dann vor allem nach der Begegnung mit Posa bestätigen; das zeigt sich auch in der tiefen Betroffenheit und Erschütterung Philipps nach dem Verrat Posas (IV,23), die dann schließlich in Hass umschlägt (V,4 f.; 9).
- Dass Zwang und Überwachung zu System und Denken Philipps gehören, hat sich schon in der Eingangsszene des Dramas angedeutet. In der Auseinandersetzung mit Elisabeth deutet Philipp das damit zusammenhängende Problem des Zwiespalts von König und Privatperson an. Er gesteht sich ein, dass die Privatperson seine verletzliche Stelle sei (V. 863 ff.). Sein Verständnis der absoluten Herrschaft, die nur Diener und Untertanen kennt, aber keine Vertrauten, keine ‚Menschen', macht ihn im persönlichen Bereich unsicher

und anfällig. Deshalb begegnet er ehrlicher Zuwendung immer wieder mit menschenverachtendem Misstrauen (so hier und besonders III,2 gegenüber Lerma; gegenüber Karlos, V. 1189 ff.; auch gegenüber Posa, V. 3082 ff.). Die Unsicherheit im Persönlichen, das fehlende Vertrauen, ist dann auch die Grundlage für seine Eifersucht, die ihn in Zweifel und Ratlosigkeit stürzt. Das Bewusstsein der Einsamkeit des Herrschers auf dem Thron macht Philipp aber auch zugänglich für Menschen, die dies sein Problem erkennen. Andeutungsweise zeigt sich das in der Karlos-Audienz (V. 1103 ff.), deutlich in der Posa-Audienz (V. 3089 ff.).

- Am Schluss der Szene fällt Philipp ganz in die Härte und Erbarmungslosigkeit des absoluten Herrschers zurück – ähnlich wie im Ganzen des Dramas, wo die sich eröffnenden Möglichkeiten Philipps am Schluss durch wütende, hasserfüllte Härte zunichte gemacht werden.

(2)

- Dass Elisabeth dem König offen und öffentlich entgegentreten kann, beruht auf ihrer Grundüberzeugung von der persönlichen Freiheit. (Ihr Stichwort dafür ist ‚Frankreich': „In meinem Frankreich wars doch anders", V. 845. Schon vorher am Schluss von I,3 ist ihre Ablehnung der starren spanischen Etikette sichtbar geworden.) Dieser Freiheitsgedanke verbindet sie mit Posa und auch mit Karlos.
- Infolge dieser Grundüberzeugung von persönlicher Freiheit lehnt Elisabeth natürlich Zwang und Überwachung ab (V. 834); sie vertraut auf Tugend, Schicklichkeit und Pflicht (V. 835; vgl. V. 718). Diese Haltung hat sie in der Begegnung mit Karlos I,5 bewahrt, als sie sich gegen dessen ausschweifende Liebeserklärung zu Tugend und Pflicht bekennt. Auch wenn sie Philipp nicht liebt, kann sie ihn doch achten: Sie ist zum Verzicht auf absolutes persönliches Glück bereit.
  Diese Haltung ist es, um deretwillen Posa sie zur Erzieherin von Karlos gewählt hat (V. 4325 ff.): Sie wird Karlos von der irregehenden Liebe auf den Weg der Pflicht leiten können, zu der Liebe zu seinen Reichen und zur Freiheitsidee.
- Bei ihrer Ablehnung von Zwang und Starrheit ist für Elisabeth das Treffen mit Karlos – bei dem sie von ‚Tugend' und ‚Pflicht' nicht abweicht – kein Vergehen; sie braucht Philipp nichts zu bekennen. (Später begründet sie ihr Schweigen mit Philipps inquisitorischem Verhalten, V. 3731 ff.)
  Dass sie von ihren politischen Vorstellungen gegenüber Philipp nichts verlauten lassen kann, ist selbstverständlich; aber in dieser Hinsicht bricht sie (wie Posa) das Vertrauen des Königs. Das Freiheitsideal ist ihr so wichtig, dass es den Bruch der Offenheit erlaubt.

4 Folgen der Vater-Sohn-Begegnung

Vorliegende Szene: *Don Karlos* II,3

Aufgabenstellung

1. Analysieren Sie, von der vorliegenden Szene ausgehend, den Charakter König Philipps.
2. Welche Folgen hat die vorliegende Szene in Bezug auf Herzog Alba?
3. Welche Folgen hat die Vater-Sohn-Begegnung für Karlos?

Lösungsvorschläge

(1)

- Die vorliegende Szene folgt auf Karlos' Audienz bei König Philipp. Karlos hat sich die Versöhnung mit dem Vater erhofft und die Entsendung nach Flandern anstelle von Alba. Die Audienz scheint mit dem völligen Bruch zwischen Vater und Sohn zu enden. Die Szene II,3 zeigt jedoch, dass Philipp stärker beeindruckt ist, als man geglaubt hat; er ist „in düstres Nachdenken versunken". Politisch bleibt er unbeirrbar, Alba soll nach Flandern gehen. Doch im persönlichen Bereich kommen ihm Zweifel – Zweifel an der Ehrlichkeit von Albas Warnungen vor Karlos. In Zukunft soll Karlos ihm näher stehen als der Herzog.
- In der Karlos-Audienz ist Philipp sich seiner Isolation, der Einsamkeit des Herrschers bewusst geworden (vgl. V. 1129 ff.). Von daher rührt seine Suche nach einem ‚Menschen'.
  Dies Bewusstsein verschärft sich durch seine Eifersucht infolge der Karlos-Briefe aus der aufgebrochenen Schatulle am Anfang des III. Akts. Es erweist sich, dass der König nur Diener hat, die im politischen Bereich zuverlässig sein mögen, aber keinen ‚Menschen', dem er im persönlichen Bereich vertrauen könnte. Bezeichnend für die Zwiespältigkeit des Königs ist sein Umgang mit Lerma in III,2: einerseits das Verlangen nach einer persönlichen, menschlichen Antwort (V. 2522 ff.) – andererseits das zynische Misstrauen, das sich menschliche Zuwendung nur als Bestochensein zu erklären weiß (V. 2534 ff.).
- Bei der Suche nach einem Menschen stößt Philipp auf Posa (III,5), dem er vertrauen zu können glaubt: „Wer mich / Entbehren kann, wird Wahrheit für mich haben" (V. 2848 f.). Weil Posa in der Lage ist, die Einsamkeit des absoluten Herrschers zu verstehen (V. 3106 ff.), ist Philipp bereit, sich Posas Vorstellungen von einer anderen Form der Herrschaft anzuhören. Die beginnende Offenheit Philipps ist allerdings durch ein Missverständnis beeinträchtigt: Posa geht es um politische Freiheit, dem König um Wahrheit im persönlichen Bereich.

- Durch den Verrat Posas bricht die menschliche Seite Philipps zusammen: Im ersten Augenblick kann er noch weinen (IV,23; er, der gegenüber Karlos Tränen als unwürdig verdammt hat, V. 1066 f.). Die Zurückweisung durch Karlos (V,4) und vollends die Zurechtweisung durch den Großinquisitor (V,10) führen dann zu völliger Erstarrung Philipps.

(2)
- Alba behält seine militärische Position; aber im Ganzen wird er zurückgesetzt. Karlos hat nur durch die Beleidigung Albas durchsetzen können, dass dieser bei der Audienz nicht anwesend war; durch das Ergebnis der Audienz wird Alba noch mehr beleidigt. Die Versöhnung mit Karlos, die der König gefordert hat, schlägt durch Karlos' Gedankenlosigkeit fehl (II,5), und zwar in einer für Karlos gefährlichen Weise: Karlos spricht seine Verachtung für Alba deutlich aus (V. 1450 ff.) und es kommt zum Gefecht, das Karlos jedoch beim Erscheinen der Königin so unvermittelt abbricht, dass das Misstrauen Albas verstärkt wird.
- Es geht aber nicht nur um die Verletzung von Albas Ehre, auch nicht nur um Zweifel an der Treue der Königin. In II,10 bestätigt Albas Bericht über das Vorgefallene die Befürchtungen des Pater Domingo, die im Grunde auch Alba teilt, auch wenn sie ihm erst jetzt voll bewusst werden: Der Infant stellt das ganze gegenwärtige absolute Herrschaftsystem in Frage, denn „Er *denkt*!", „er verehrt den Menschen"; und „Er und die Königin sind eins" (V. 2019 ff.). Die Verbindung der beiden Intriganten mit der Prinzessin Eboli (II,11) setzt dann die verhängnisvolle Eifersuchtstragödie in Gang.

(3)
- Karlos erhält unmittelbar nach der Audienz das Liebes-Billet der Prinzessin Eboli (II,4). Dass er annimmt, Elisabeth könne eine so deutliche Einladung zu einem intimen Stelldichein geschickt haben (V. 1281 f.), und auch sein weiteres Verhalten bei der Begegnung mit der Prinzessin (II,8) – das ist eigentlich unglaublich. Schließlich hat Elisabeth selbst ihn bei der Begegnung in Aranjuez (I,5) von seiner rasenden, alle Gesetze sprengenden Liebe fort zu seiner wahren Aufgabe hin gewiesen: „Elisabeth / War Ihre erste Liebe. Ihre zweite / Sei Spanien!" (V. 790 ff.). (In demselben Sinn einer Veredelung individuellen Glücksstrebens zur Liebe zur ganzen Menschheit erklärt Posa später sein Erziehungsprogramm für Karlos, IV,21.) Dass Karlos jetzt sein besseres Selbst vergisst und völlig dem Streben nach individuellem Liebesglück verfällt, ist nur dadurch zu verstehen, dass er die Audienz mit dem König für ganz und gar gescheitert hält. Sein Ziel war es ja, das Kommando in Flandern zu erhalten; und ‚Flandern' steht in *Don Karlos* stellvertretend für ‚ganze Menschheit'. Nachdem also das überindividuelle Ziel unerreichbar geworden ist, erhebt das persönliche Glück wieder seine Ansprüche.
- Wie sehr Karlos durch den Verlust des höheren Zieles getroffen ist, das zeigt seine fatale Zerstreutheit nicht nur in den Eboli-Szenen, sondern auch bei der Begegnung mit dem Herzog (II,5 f.).

5 König Philipp und Marquis Posa vor der Audienz-Szene

Vorliegende Szenen: *Don Karlos* III,5 und III,9

Aufgabenstellung

1. Erläutern Sie die Situation, aus der heraus der König den Monolog III,5 spricht.
2. Interpretieren Sie die Reaktion Posas auf die Vorladung zur Audienz (III,9).
3. Welche Folgen hat die Audienz-Szene III,10 für Posa, welche für den König?

Lösungsvorschläge

(1)

- Bei der Karlos-Audienz II,2 ist sich Philipp der Einsamkeit des Herrschers auf dem Thron bewusst geworden (besonders V. 1107 ff.). Auch Misstrauen gegen seine vertrauten Räte ist geweckt (II,3). Durch die Alba-Domingo-Eboli-Intrige wird die Eifersucht des Königs erregt; aber er hat keine Gewissheit, sondern steckt in tiefen Zweifeln (III,1 f.). Die Gespräche mit Alba und Domingo enden mit der schroffen Zurückweisung der Räte, ohne dass doch der König der Treue seiner Gattin sicher wäre.
- In dieser Situation spricht Philipp den Monolog III,5: Er sucht „Wahrheit", und er sucht einen „Menschen", der sie ihm geben kann, einen Menschen ohne eigennützige Absichten und Pläne. Schmerzlich ist er sich seiner Einsamkeit bewusst, des ‚Loses der Könige' (V. 2820). Für den absoluten Herrscher waren Menschen immer nur Werkzeuge für seine Zwecke; jetzt fehlt ihm ein unbefangener Mensch „mit reinem, offnem Herzen" (V. 2821). So stößt er beim Suchen in seiner Kartei auf Posa: „Wer mich / Entbehren kann, wird Wahrheit für mich haben" (V. 2838 f.).

(2)

- Herzog Alba hat dem zur Audienz geladenen Marquis geraten, die Gunst der Stunde nicht zu versäumen, sondern sie zu seinem persönlichen Vorteil zu nutzen. Posa nimmt den Rat des Herzogs auf: „Den Zufall gibt die Vorsehung – zum Zwecke / Muss ihn der Mensch gestalten" (V. 2963 f.). Posa ist hier wie auch sonst durchaus bereit, Menschen über ihren Kopf hinweg zu seinen Zwecken zu lenken. Doch er denkt bei ‚Zwecken' nicht an eigennützige Absichten, sondern an die hohen, idealen Ziele, denen er anhängt: Er will „kühn Wahrheit in des Despoten Seele werfen" (V. 2967 ff.).

- Aber Posas Wahrheit ist nicht die Wahrheit, die Philipp sucht. Der König braucht eine intrigenfreie, unbefangene Wahrheit über Karlos und Elisabeth; Posa jedoch denkt bei Wahrheit an Gedankenfreiheit und bürgerliche Gleichberechtigung. Ein Missverständnis zwischen den beiden ist vorprogrammiert.

(3)
- Posa erhält die unerhörte Gelegenheit, seine (für das bestehende System revolutionären und ketzerischen) Gedanken dem König vorzutragen. Dieser wird **nicht** von dem Freiheitsideal überzeugt; aber er wird von Posas Person gewonnen: Hier hat er wirklich einen Menschen vor sich, der Wahrheit geben kann. (Noch nach der Liquidierung sagt der Mörder: „Ein Geist, / *Ein* freier Mann stand auf in diesem ganzen / Jahrhundert", V. 5041 ff.) Doch er gewährt einzig Posa die Erlaubnis, in diesem Staat ein freier Mensch zu sein; und er warnt ihn vor seiner Inquisition. Da er Posa um sich behalten möchte, macht er ihn zum Vertrauten in seiner Familienangelegenheit – aber nicht zum politischen oder außenpolitischen Berater. (Später allerdings ist Posas Stellung offenbar umfassender, V. 3957 ff.)
- Was erhofft Posa sich von dieser Begegnung? Offenbar glaubt er wirklich, er könnte mit der Gunst des Königs eine politische Veränderung herbeiführen (so zu Elisabeth, V. 4299 ff.; auch Karlos interpretiert sein rätselhaftes Verhalten in diesem Sinn, V. 4505 ff.). Durch den Lauf der Handlung (durch Karlos' erneute Annäherung an die verräterische Prinzessin Eboli zur Rettung des Freundes gezwungen) wird er veranlasst, zugunsten des Freundes auf die persönlichen Möglichkeiten zu verzichten und Karlos den Kampf für politische Freiheit aufzutragen.
- König Philipp beginnt sich unter dem Eindruck Posas aus seiner Erstarrung zu lösen. Dass Posa künftig ungemeldet vorgelassen werden soll, ist ein Vertrauensbeweis, der die strenge Hofetikette bricht. In dem Streit mit der Königin, IV,9, treten dann die Härte und die Selbstgerechtigkeit Philipps wieder stark hervor; doch dem hinzueilenden Marquis wendet er sich sofort vertrauensvoll zu (V,11 f.). Jetzt nennt er Posa sogar „Freund" (V. 3827) – früher für seine menschenverachtende Isolation undenkbar.
  Gerade wegen dieser neu erwachten Menschlichkeit ist Philipp durch Posas Verrat zutiefst verletzt. Am eindrucksvollsten zeigt das sein Nachruf auf den Toten in der Szene V,9; in der gleichen Szene entschließt er sich dann, aus Rache an dem Verräter, zu gnadenloser Härte, zu Hass und Zerstörung.

6 Marquis Posa

Vorliegende Szene: *Don Karlos* IV,6

Aufgabenstellung

1. Stellen Sie den Zusammenhang der Szene her; erläutern Sie, worauf Posa in seinem Monolog Bezug nimmt.
2. Wie begründet Posa sein Handeln? Nehmen Sie Stellung.
3. Welche Folgen hat Posas „Verstummen"?
4. Wie interpretiert Karlos das Handeln des Freundes?

Lösungsvorschläge

(1)

- Posa hat aufgrund seiner neuen Vertrauensstellung beim König von dessen gefährlichem Misstrauen gegen Karlos erfahren (das ist „die Wetterwolke [...] / Die über seinem Scheitel hängt", V. 3647 f.). Deshalb er sich in der Szene IV,5 Karlos' Brieftasche geben lassen, um (scheinbar) belastendes Material vor dem König und seinen Spionen sicherzustellen.
- In dem Gespräch mit Karlos bleibt Posa seltsam unbestimmt, weil er den Freund weder über die ihm drohende Gefahr noch über sein (Posas) neues Verhältnis zum König Genaueres mitteilen will. Dass er Dienste beim König abgelehnt habe (vgl. V. 3575 f.), ist sogar unwahr – und Karlos weiß das durch Lermas erste Warnung (IV,4).
  Infolgedessen ist Karlos in tiefen Zweifel gestürzt; er entschließt sich aber dennoch, dem Freund zu vertrauen. Freundschaft ist ja für Karlos wie für Posa ein höchstes Ideal (vgl. I,9).

(2)

- Posa verlässt sich (nach kurzem Schwanken) auf Karlos' unbedingte Freundschaft und auf sein unbedingtes Vertrauen. Er meint also, ihm gefahrlos die Zusammenhänge verschweigen zu können. Die (berechtigte!) Irritation des Freundes („Tränen stürzen aus seinen Augen", nach V. 3628) interpretiert er recht leichtfertig nicht als Misstrauen, sondern nur als – vielleicht schmerzliches – Befremden.
- Als Grund für sein Schweigen nennt Posa das Vertrauen, das ihm der König entgegengebracht habe: „Und Glauben fordert Dankbarkeit" (V. 3644). Die Begründung klingt nicht recht überzeugend, nachdem er vorher in IV,3 Elisabeth überredet hat, Karlos zur offenen Rebellion und zum Landesverrat zu veranlassen. Freilich will er da den König nur zu seinem Glück, zu seinem besseren Selbst zwingen. Posa neigt dazu, im Dienst der guten Sache (der Auf-

klärungsideen) über die Köpfe der Betroffenen hinweg zu handeln. So auch hier; die Formulierungen am Schluss des Monologs zeigen, dass Posa sich für den Überlegenen hält, der den (‚schlafenden') Freund betreuen muss. Das ist nicht die absolute Offenheit und Einheit der Seelen, die Karlos vorschwebt; die beiden Freunde haben von Freundschaft nicht denselben Begriff.

- Pragmatisches Handeln über den Kopf des anderen hinweg mag vielfach nötig sein. (Ein Beispiel dafür ist die Szene II,15, in der Posa den Freund zur Vernunft bringt, indem er einfach das Liebes-Billet des Königs an die Eboli zerreißt.) Posa mag auch wegen der oft unbedachten, emotionalen Reaktionen des Freundes vorsichtig sein wollen. Dennoch: Hier jedenfalls hat das selbstherrliche Schweigen Posas fatale Folgen.

(3)

- Karlos weiß nicht, was vorgeht, und ist durch das rätselhafte Verhalten Posas irritiert. Die zweite Warnung Lermas, IV,13, stürzt ihn in noch größere Verwirrung. Er meint jetzt, dass Posa ihn aufgegeben habe (V. 3967 ff.), und glaubt nicht nur sich, sondern vor allem die Königin (durch den belastenden Brief aus seiner Brieftasche) in höchster Gefahr. Da er vermeintlich „keinen Freund mehr" hat (V. 4076), will er sich der Eboli anvertrauen, um mit ihrer Hilfe die Königin zu warnen. Das zwingt Posa, der die Gefährlichkeit der Eboli kennt, Karlos zu verhaften und sich für den Freund zu opfern – was zu seinem Tod und schließlich zum Scheitern aller seiner Pläne führt (sofern sie nicht durch den Großinquisitor sowieso zunichte gemacht worden wären).
- Übrigens äußert sich Posa auch gegenüber der Königin ganz unbestimmt über seine neue Position und informiert sie nicht über die gegen sie gerichtete Eboli-Intrige. Wäre sie gewarnt, würde der Zusammenstoß mit dem König, IV,9, nicht stattfinden oder zumindest anders verlaufen und es gäbe nicht die Gerüchte, die Karlos veranlassen, sich der Eboli anzuvertrauen.

(4)

- Karlos kann sich, besonders nach der zweiten Lerma-Warnung IV,13, das rätselhafte Verhalten Posas nur so erklären, dass diesem das Freiheits-Ideal noch wichtiger als das Freundschafts-Ideal gewesen sei: Er habe die Möglichkeit gesehen, als wichtigster Ratgeber und Vertrauter des Königs Freiheit und Glück des Landes selbst und jetzt zu verwirklichen, und habe deshalb nicht erst auf den künftigen König, Karlos, warten wollen. „Doch sollen Millionen ihm, soll ihm / Das Vaterland nicht teurer sein als *einer*?" – so interpretiert Karlos das Verhalten Posas gegenüber Lerma (V. 3967 ff.); und so interpretiert er ausführlich nach der Verhaftung gegenüber Posa selbst, V,1, wo er bitter, aber wohl nicht ironisch spricht. (Klagen will er nur darüber, dass Posa die Königin mit ins Verderben hineingezogen habe.)
  Posa muss in dieser Szene V,1 zugeben, dass seine Weltklugheit versagt hat, sein ‚Gebäude zusammengestürzt' ist – dass er durch seine charakteristische Eigenschaft, die Dinge lenken zu wollen, zu Fall kommt.

7 Karlos' Anklage gegen den mörderischen König

Vorliegende Szene: *Don Karlos* V,4

Aufgabenstellung

1. Stellen Sie den Zusammenhang der Szene her.
2. Analysieren Sie den Aufbau von Karlos' Rede.
3. Interpretieren Sie Haltung und Reaktion des Königs.
4. Was erreicht, was verspielt Karlos durch seinen Angriff auf den König?

Lösungsvorschläge

(1)

- Posa hat Karlos sicherheitshalber gefangen gesetzt, bis er die Gefahr durch landesverräterische Briefe, die er absichtlich dem Geheimdienst des Königs zuspielt, von Karlos weg auf sich gelenkt hat. Nachdem der Verrat Posas entdeckt ist, soll Karlos freigelassen werden; er verlangt aber die Freilassung durch den König persönlich. Noch bevor Philipp mit seinem Gefolge eintrifft, lässt er Posa hinterrücks erschießen – gerade in dem Augenblick, als Karlos davon träumt, den Vater durch dies Beispiel einzigartiger Freundestreue rühren zu können. Posas letzter Auftrag war, der Infant solle sich (für Flandern, d. h. für eine bessere, freiheitliche Zukunft) retten. Jetzt liegt Karlos „wie tot bei dem Leichnam".

(2)

- Karlos' Anklage und Angriff gegen den König hat eine Reihe verschiedener Aspekte: Vorwurf des Mordes (V. 4739 ff.) – Einzigartiges Unrecht gerade dieses Mordes (V. 4767 ff.) – Die in diesem ganzen Jahrhundert einmalige Wichtigkeit Posas (V. 4773 ff.) – Spott über die ‚Allwissenheit' des Königs, der sich hat täuschen lassen (V. 4780 ff.) – Karlos nimmt Posa allein für sich in Anspruch, nur für ihn hat Posa gehandelt (V. 4791 ff.) – Der König war nur ein Werkzeug Posas (V. 4795 ff.); er drängte Posa die Freundschaft auf und wurde verschmäht (V. 4807 f.) – Die grobe Täuschung zeigt die Geringschätzung Posas für den König, den er als ungeeignet „verstoßen" hat (V. 4809 ff.) – Der König hat eine Chance verspielt: Posa hätte ihn glücklich (zu einem Menschen) machen können (V. 4821 ff.).
- Karlos will mit dieser Rede nicht nur den Mörder bloßstellen, sondern auch die Ehre des als Verräter Ermordeten wiederherstellen. Nachdem er dieser Pflicht Genüge getan hat, mag man ihn töten: „Mein Leben ist verwirkt" (V. 4844 ff.).

(3)

- Der König scheint anfangs für die Begegnung mit dem Sohn durchaus aufgeschlossen (trotz der schroffen Form, in der Karlos sein Erscheinen gefordert hat): Er betrachtet den neben dem Toten Liegenden „mit nachdenklicher Stille“; er beginnt „mit gütigem Ton“; und er reicht dem Sohn „die Hand und hilft ihm sich aufrichten“.
- Als Karlos den König zurückstößt, ihn des Mordes anklagt und auch noch (versehentlich) ein Schwert zieht, reagiert Philipp noch erstaunlich gemäßigt, eher wie auf sehr schlechtes Benehmen: Erst will er sich aus dieser unangemessenen Umgebung entfernen; dann weist er den Sohn auf das Ungeheuerliche der Auflehnung eines Sohnes gegen den Vater hin. Und als Karlos von der einmaligen Persönlichkeit Posas spricht, weist der König immer noch „mit gelindem Ton“ (V. 4778) darauf hin, dass er ja für Karlos gehandelt habe (indem er das Reich vor einem Verräter schützte).
- Erst als Karlos erklärt, dass Posa **sein** Freund war und **für ihn** gestorben ist, sieht der König seine Befürchtungen (die er also hatte!) bestätigt: „Ha! meine Ahndung!“ (V. 4786). Er muss zur Kenntnis nehmen, dass er nie die „Freundschaft“ Posas besaß, sondern für diesen nur „Werkzeug“ war, dass Posa ihn verachtete (vgl. V,9!). Erst von hier an ist Philipp durch die Anklagerede vernichtet: Er steht „ohne Bewegung, den Blick starr auf den Boden geheftet“.
  In der ergreifenden Klage über den Verlust Posas in V,9 erklärt sich der König die Entscheidung Posas so, dass er den Greis dem Jüngling geopfert habe, weil dieser eher eine neue Zeit heraufführen könne. Die neue Verhärtung, die V. 5073 einsetzt – eine Verhärtung weit über den Anfang des Stückes hinaus – ist aber nicht nur der Entschluss zur Verteidigung der alten Ordnung gegen das Neue, sondern in erster Linie eine Abrechnung mit Posa.

(4)

- Die Szene V,9 zeigt deutlich, dass Karlos sein Ziel erreicht hat: die Gestalt Posas in ihrer Größe, Einmaligkeit und Freundestreue vor Philipp und den versammelten Granden sichtbar zu machen.
  Allerdings verstößt er dabei gegen den Auftrag, den Posa ihm noch mit seinen letzten Worten ans Herz gelegt hat: sich für Flandern zu retten. Denn nachdem er den König derartig gereizt hat, hätte er kaum mehr Chancen, unentdeckt zu entkommen. (Tatsächlich wird unabhängig hiervon seine Flucht durch die Verhaftung des Kartäusermönchs unmöglich.)
  Es siegt bei dieser Entscheidung, was die Themen des Dramas angeht, die Freundschaftsidee über die Freiheitsidee, und was Karlos' Charakter angeht: Es siegt (wie oft bei ihm) das Gefühl über das vernünftige Denken.

8 Tragik der Hauptfiguren

Aufgabenstellung

Erörtern Sie für die Hauptfiguren des „Dramatischen Gedichts“ – Karlos, Posa, König Philipp, Elisabeth –, inwieweit deren Schicksal tragisch ist.

Lösungsvorschläge

- Umgangssprachlich hat „tragisch“ die Bedeutung von ‚erschütternd‘, ‚traurig‘ (so z. B. in Traueranzeigen oder Berichten von Unfällen). Der literaturwissenschaftliche Begriff „tragisch“ aber verlangt einen Gegensatz, in den der tragische Held gestellt ist. Für Schiller kann man noch spezieller sagen: Gefordert ist ein Gegensatz zwischen zwei gleichwertigen Ansprüchen: zwischen Pflicht und Neigung oder zwischen zwei Pflichten bzw. Idealen, zwischen denen sich der Held entscheiden muss.
- **Karlos:** Sein Schicksal ist erschütternd, insofern er am Schluss seinem Henker, dem Großinquisitor, übergeben wird, und zwar in dem Moment, als er moralisch den höchsten Punkt erreicht hat, seine irregeleitete Liebe zu Elisabeth endgültig umgewandelt und veredelt ist in Liebe zur Freiheit und speziell zu Flandern. Doch das ist kein tragischer Gegensatz zwischen Werten.
  Für Karlos gibt es drei Werte: Freundschaft, Freiheit und Liebe.
  Seine Liebe zu Elisabeth gerät mit der Freiheitsidee in Konflikt; aber das ist kein Konflikt zwischen Gleichwertigem. Diese Liebe ist etwas Verfehltes, Sittenwidriges; und sobald Karlos von Elisabeth oder von Posa aus seinem Liebesrasen aufgeweckt, zur Ordnung gerufen wird, sieht er das selbst ein. Es handelt sich hier also nicht um eine bewusste Entscheidung, sondern um ein Zur-Besinnung-Kommen.
  Die Freundschaftsidee steht für Karlos nicht in Frage. Selbst als er sich von Posa verraten glauben könnte, interpretiert er dessen Verhalten so, dass die Freundschaftsidee auch von Posa nicht verletzt wird: Posa habe die Freiheit als wichtiger und höher stehend erkannt als die Freundschaft (V,1).
  Allerdings verstößt Karlos mit seiner leidenschaftlichen Anklage gegen den Mörder-König (V,4) gegen das Vermächtnis des Freundes (V. 4716 f.) und gefährdet die Möglichkeit, für die Freiheit zu kämpfen (da der König diesen leidenschaftlichen Angriff nicht ungestraft lassen wird). Aber Karlos **entscheidet** sich nicht, er handelt nicht bewusst, sondern impulsiv, ohne die Konsequenzen seines Handelns zu bedenken; am Schluss der Szene stellt er sich sogar selbst dem Henker zur Verfügung.
  Karlos’ Schicksal ist also erschütternd, aber nicht im strengen Sinne tragisch.

- **Posa:** Sein Tod ist zwar zur Rettung des Freundes von ihm selbst arrangiert; aber er wirkt dennoch erschütternd durch die Art, wie der König ihn hinterrücks erschießen lässt – gerade in dem Augenblick, als Karlos glaubt, durch das außerordentliche Beispiel von Freundestreue das Herz des Vaters rühren zu können (V. 4719 ff.).
  Posa steht zwischen den Polen Freundschaft und Freiheit. Doch er lenkt das Geschehen so, dass diese für ihn keine Gegensätze sind: Er rettet den Freund, ohne dabei gegen die Freiheitsidee zu verstoßen; denn er glaubt, dass Karlos, der künftige König, genauso gut wie er selbst oder sogar besser für den Freiheitskampf wird eintreten können.
- **König Philipp:** Das Erschütternde bei Philipp ist von anderer Art. Die Figur des Königs ist eindrucksvoll, weil man hier einen Menschen sieht, der verhärtet ist, aber – besonders in den Eifersuchts-Szenen – unter der Verhärtung und der daraus folgenden Vereinsamung leidet. Und sein Schicksal ist erschütternd, weil man erlebt, wie er, vor allem durch die Begegnung mit Posa, sich von dieser Verhärtung zu befreien beginnt, ein ‚Mensch' zu werden beginnt – und wie er dann, durch Posas Verrat tödlich verletzt, in tiefste Verhärtung, in Hass und Grausamkeit verfällt.
  Aber Verschlossenheit und Offenheit sind keine gegensätzlichen Ideale, zwischen denen er sich entscheidet. Seine Härte ist eher so etwas wie eine Krankheit, von der er vorübergehend von Posa geheilt wird. Also ist auch der König keine tragische Figur.
- **Elisabeth:** Entschieden nicht tragisch ist die Königin, die sich ihrer Überzeugung, ihrer Haltung von Pflicht und Tugend immer sicher ist. Sie leidet (etwa darunter, dass sie auch noch die Achtung für den nicht geliebten König verlieren muss); aber sie gerät nicht ins Schwanken. Posa stellt sie Karlos als Gegenbild der Prinzessin Eboli dar (V. 2351 ff): „Mit festem Heldenschritte wandelt sie / Die schmale Mittelbahn des Schicklichen". Die Charakterisierung, die Posa in dieser Passage gibt, ist etwas zu idealisiert, aber im Prinzip richtig.
  Am Schluss des Dramas ‚fällt sie ohnmächtig nieder'; aber es bleibt offen, was mit ihr geschieht (soll sie ebenfalls dem Großinquisitor übergeben werden?). Auch sie scheitert (mit ihrem Bemühen um die Rettung Flanderns; auch mit ihrem Bemühen, die pflichtbewusste Gattin des Königs zu sein). Doch ihr Scheitern ist sanfter dargestellt, nicht so sehr auf die Erschütterung hin zugespitzt wie das von Karlos.
- Im strengen Sinn des Begriffs sind die Personen in *Don Karlos* nicht tragisch. Nicht umsonst nennt Schiller das Stück nicht „Tragödie", sondern „Dramatisches Gedicht".

Wissen, was wann passiert

Lektürehilfen sind der Schlüssel zum besseren Verständnis von Literatur:

Die wichtigen Themen kennen dank thematischer Kapitel.

Die richtigen Antworten wissen durch die Vorbereitung mit typischen Abiturfragen.

Johann Wolfgang von Goethe
„Faust – Erster und Zweiter Teil"
mit Mini-Audio-CD
ISBN 978-3-12-923002-2 | 11,95 €

neu
Heinrich von Kleist
Michael Kohlhaas
ISBN 978-3-12-923024-4 | 9,95 €

neu
Franz Kafka
Der Proceß
ISBN 978-3-12-923023-7 | 9,95 €

neu
Friedrich Schiller
Die Räuber
ISBN 978-3-12-923026-8 | 9,95 €

Theodor Fontane
„Irrungen, Wirrungen"
ISBN 978-3-12-923012-1 | 9,95 €

Lyrik der Nachkriegszeit
1945–1960
ISBN 978-3-12-923013-8 | 9,95 €

Gotthold Ephraim Lessing
„Emilia Galotti"
ISBN 978-3-12-923011-4 | 9,95 €